HEIDELBERGER STUDIENHEFTE
ZUR ALTERTUMSWISSENSCHAFT

ZSOLT ADORJÁNI

Poesie, Wissenschaft und Macht

Einführung
in die alexandrinische Dichtung

Universitätsverlag
WINTER
Heidelberg

Bibliografische Information der Deutschen Nationalbibliothek

Die Deutsche Nationalbibliothek verzeichnet diese Publikation
in der Deutschen Nationalbibliografie;
detaillierte bibliografische Daten sind im Internet
über *http://dnb.d-nb.de* abrufbar.

UMSCHLAGBILD

CNG Coins: Arsinoe II. *Coins of the Ptolemaic Empire* I.387,
https://commons.wikimedia.org/wiki/File:Arsinoe_II.jpg,
verwendet unter CC BY-SA 3.0,
https://creativecommons.org/licenses/by-sa/3.0/deed.de

Im Hintergrund: © Ägyptisches Museum und Papyrussammlung –
Staatliche Museen zu Berlin – Preußischer Kulturbesitz,
Scan: Berliner Papyrusdatenbank, P 13417 Fr. a (*verso*)

ISBN 978-3-8253-9601-5

Dieses Werk einschließlich aller seiner Teile ist urheberrechtlich geschützt.
Jede Verwertung außerhalb der engen Grenzen des Urheberrechtsgesetzes
ist ohne Zustimmung des Verlages unzulässig und strafbar. Das gilt insbesondere
für Vervielfältigungen, Übersetzungen, Mikroverfilmungen und die Einspeicherung
und Verarbeitung in elektronischen Systemen.

© 2024 Universitätsverlag Winter GmbH Heidelberg
Imprimé en Allemagne · Printed in Germany
Druck: Memminger MedienCentrum, 87700 Memmingen

Gedruckt auf umweltfreundlichem, chlorfrei gebleichtem
und alterungsbeständigem Papier.

Den Verlag erreichen Sie im Internet unter:
www.winter-verlag.de

Inhaltsverzeichnis

1 Vorwort 7

2 Einleitung
    2.1 Die Überlieferung der hellenistischen Literatur 13
    2.2 Dichter und Philologe 18
    2.3 Dichter und König 25

3 Fallstudien
    3.1 Theokrit und Ptolemaios 37
    3.2 Poseidippos und Arsinoe 47
    3.3 Kallimachos 55
        3.3.1 Götterhymnen 56
            3.3.1.1 Zeus 57
            3.3.1.2 Apoll 67
            3.3.1.3 Artemis 73
        3.3.2 *Aitia*: Akontios und Kydippe 81
        3.3.3 Die Gottwerdung der Königin
            (*Ektheosis Arsinoes*) 86
    3.4 Apollonios von Rhodos und die Geschichten Libyens 95

4 Schlusswort:
    Eine Skizze des Nachlebens der hellenistischen Literatur 107

5 Bibliographie 123

6 Register
    6.1 Abkürzungen 131
    6.2 Allgemeine Begriffe 132
    6.3 Stellen 136

1 Vorwort

Der durchaus hellenistisch ausgerichtete Gedichtband des römischen Dichters Catull hebt folgendermaßen an:

> Cui dono lepidum novum libellum
> arida modo pumice expolitum? (Cat. *c.* 1. 1 f.)

> Wem soll ich dieses feine Bändchen schenken, das durch den trockenen Bimsstein eben erst blank polierte?

Diese als Frage eingeleitete Widmung enthält in komprimierter Form den Wesenskern jenes Dichtungstypus, der den Dichter von Verona als Leitfigur der römischen „Avantgarde" (*neoterici* – ‚die Neueren') auszeichnet. Das Programm der Neuartigkeit wird durch das Wörtchen *modo* herausgestrichen.[1] Dieses Neue bezieht sich, wohlgemerkt, auf das physisch-äußere Erscheinen des Schriftträgers, der zwar mit „Band" übersetzt werden kann, aber im gegebenen kulturellen Kontext eine Papyrusrolle ist.[2] Während die Daseinsform der Dichtung die längste Zeit das flüchtige Wort war, scheint hier die fixierte Schriftlichkeit die Oberhand zu gewinnen. Eine Folgeerscheinung dieses Wandels ist das Aufkommen des poetischen Gedichtbuches (*libellus*). Auch hier gilt der Gegensatz: Während es der epischen Dichtung um einen kontinuierlichen Rezitationsfluss zu tun war (inhaltliche Gliederung ist die Folge eines späteren, meistens hellenistischen, Eingriffes), ist das Buch eine abgeschlossene Größe mit Anfang, Mitte und Ende, durchwirkt von inneren Bezügen, die einen idealtypischen Leser, der im Buch hin- und herblättert bzw. rollt, zur Voraussetzung haben. Unbeschadet dieses Reformiergehabes ist

---

[1] Der Begriff ‚modern', der sowohl einen Zeit- als auch einen Wertbezug hat, stammt aus dem lateinischen *modo* vermittels der Hinzufügung eines Adjektivsuffixes.

[2] Das Deminutiv *libellus* stammt vom *liber*, der später auch das Wort für das ‚Buch' ist (wie das deutsche Buch mit ‚Buche', so hängt auch der lateinische *liber* mit „Rinde" zusammen, und beide Wörter beziehen sich ursprünglich auf den hölzernen Schutzumschlag des Buches, früher des Kodex, oder auf die Kapsel der Papyrusrolle). ‚Papyrus' ergibt zwar das Wort ‚Papier', aber die Herstellungsart ist jeweils verschieden: In der Antike wird der Papyrus ausschließlich aus Riedstreifen gefertigt. Die unterschiedlichen Technologien sollten jedoch nicht über die Hauptsache hinwegtäuschen: Es geht um die materialisierte Form von Literatur. Ein sehr ähnlicher Hinweis ist bei Horaz zu lesen, der die Dauerhaftigkeit der Dichtung durch das Bild der mit Öl behandelten Papyrusblätter andeutet (Hor. *ars* 331 f.: *carmina* [...] *linenda cedro*). Auch dies hat einen hellenistischen Stammbaum (Kall. *Ait. fr.* 7. 11–4: Die Chariten reiben ihre vor Öl triefenden Hände in die Lieder des Dichters).

jedoch diese „neue" Dichtung auf eine mannigfache Weise in der Tradition verankert. Die römischen Dichter sind an griechischen Vorbildern groß geworden und tragen diese Schule in ihren Werken gerne und stolz zur Schau. Man sollte deswegen in Catull nicht nur ein *enfant terrible* von echtem Schrot und Korn, sondern auch einen *poeta doctus* erkennen, dem die alexandrinische Dichtung am Herzen lag. Bei Horaz heißt es: *Graecia capta ferum victorem cepit et artes / intulit agresti Latio* (*ep*. 2. 1. 156 f.: „Das besiegte Griechenland hat seinen grimmigen Sieger besiegt und die Künste nach dem wilden Latium gebracht"). Will man diesen schicksalsträchtigen Kulturtransfer in einem historischen Ereignis symbolhaft ausgedrückt wiedererkennen, dann könnte man vor allem die Schlacht bei Pydna (168 v. Chr.) erwähnen, wo Paulus Aemilius den Sieg über den makedonischen König Perseus II. davontrug und seine königliche Bibliothek von Pella nach Rom brachte.

Jetzt aber zurück zu Catull und seinem Gedicht! Nebst *novum* ist *lepidum* das andere Attribut des Büchleins. Dies kann etymologisch (über die Wurzel *lep*-) und semantisch mit griechischem λεπτόν gleichgesetzt werden, dessen metaphorische Bedeutung – über die konkrete „geschält" hinaus – nicht weniger stark ausgeprägt ist. Detailfreudigkeit und Raffinesse sind ausschlaggebend bei einer Dichtung, an der sich auch Catull orientiert. Kallimachos lobt Arat, den Verfasser eines astronomischen Lehrgedichts, wegen seiner ‚feinen Worte' (*ep*. 27. 3 f.: λεπταί / ῥήσιες) und setzt hinzu, dass das der Ertrag der schlaflos zugebrachten Nächte sei (4: σύμβολον ἀγρυπνίης).[3] Das Attribut λεπταί kommt einer Hommage an Arat gleich, denn das Lehrgedicht des Dichters von Soloi enthält den Begriff als Akrostichon (V. 783–787: ΛΕΠΤΗ),[4] dessen programmatische Botschaft unüberhörbar ist.

Im zweiten Vers des Catull-Gedichts nimmt man eine weitere Anspielung auf ein berühmtes Epigramm des Kallimachos (*ep*. 51) wahr, in dem die Königin Berenike II. zur ‚vierten' Charis hochstilisiert wird.[5] Dass die Dreiheit der Göttinnen durch ein neu hinzugekommenes, viertes Mitglied ergänzt wird, durch das der durch die drei vertretene Liebreiz erst zur Geltung kommen kann, wird mit der Wendung ἄρτι ποτεπλάσθη (V. 2: „neulich hinzugedichtet") ausgedrückt. Catull (*modo ... expolitum*) bildet diese vermittels der Silbenzahl (6), des verwendeten Adverbs (*modo* ~ ἄρτι) und der technischen Metapher (*expolitum* ~ ποτεπλάσθη)

---

[3] Dieser Topos wird auch von Lukrez benutzt, dessen „weiße Nächte" (1. 142) keineswegs als biographische Angabe zu deuten sind: Der Dichter leidet nicht an chronischer Insomnie, sondern will hellenistischen Fleiß (*limae labor et mora* – Hor. *ars* 291), der sogar vor Nachtarbeit (*lucubratio*) nicht zurückschreckt, ausdrücken.

[4] Ein Wort, das durch Zusammenlesen der anlautenden Buchstaben am Versanfang entsteht (στίχος bedeutet ‚Vers', ἄκρος ‚spitz').

[5] Acosta-Hughes–Stephens 2012, S. 224.

nach.⁶ Ein wichtiger Unterschied besteht jedoch darin, dass bei Catull der Schriftträger trocken ist (*arida* – das Attribut des Bimssteins bezieht sich zugleich auf den Papyrus), wohingegen die vierte Charis vor wohlriechendem Öl trieft (κῆτι μύροισι νοτεῖ).⁷

Nur zwei Verse aus einem repräsentativ ausgewählten Gedicht und so viele Allusionen an die hellenistische Literatur, die den Römern als unmittelbares Vorbild gegolten hat! Zur Frage des Nachlebens in der lateinischen Literatur werde ich noch zurückkehren,⁸ hier ging es mir nur darum, die spektakuläre Nachwirkung, die die Alexandriner in ihrer kulturellen Umgebung gezeigt haben, zu demonstrieren. Das vorliegende Buch hat es sich zum Ziel gesetzt, eine allgemein verständliche Einführung in diese faszinierende literarische Epoche zu bieten. Dies geschieht durch die Betrachtung der literarischen Produktion, wobei auch andere Aspekte, wie historische und soziokulturelle, berücksichtigt werden, soweit sie zum Verständnis des Untersuchungsgegenstandes beitragen. Unter Literatur ist Dichtung zu verstehen, was nicht nur mit der Kompetenz des Verfassers zusammenhängt, sondern auch damit, dass dieser Bereich durch die Überlieferung am besten dokumentiert ist.⁹

Die Farben dieser einstmals so bunten Epoche sind allerdings mit der Zeit verblasst. Ein unmittelbares Erlebnis bleibt uns durch den zeitlich-kulturellen Abstand, die sprachliche Verschiedenheit und die fragmentarische Überlieferung versagt; so ist interpretierende Vermittlung durchaus angezeigt. Der hellenistischen Literatur ist auch nicht gut bekommen, dass der Neuhumanismus des 19. Jahrhunderts, der unter dem Einfluss Winckelmanns mit seiner ausschließlichen Vorliebe für das klassische Zeitalter der Griechen stand, sie – abgesehen von einigen namhaften Ausnahmen¹⁰ – für epigonal, dekadent und subaltern hielt. Eine Art Rehabilitierung begann sich erst ab der zweiten Hälfte des 20. Jahrhunderts, nicht unabhängig von Rudolf Pfeiffers monumentaler Kallimachos-Edition nach dem Zweiten Weltkrieg (1949–1953), anzubahnen. Aber einen echten Aufschwung erlebte die Forschung der hellenistischen Literatur in den vergangenen dreißig Jahren,¹¹ wo es gelungen ist, zu zeigen, dass diese Periode nichts weniger als phi-

---

6   Das griechische Verb πλάζω lebt in ‚Plastik', ‚plastisch' weiter, so ist ihm die Bildhauermetaphorik von Haus aus eigen. Die Darstellung der Chariten als einer Statuengruppe war in der Antike gang und gäbe.
7   So eine gegenteilige Entsprechung nennt man *imitatio per oppositionem* (*Kontrastimitation*).
8   Zu den Rezeptionsfällen s. das Schlusskapitel des Buches (4).
9   Ein besonders schmerzlicher Verlust ist der beinahe vollkommene Schwund der Geschichtsschreibung des Hellenismus (zu den Geschicken der Überlieferung s. das nächste Kapitel).
10 Der große Ulrich von Wilamowitz-Moellendorff stand auch allem Hellenistischen mit feinfühligem Verständnis gegenüber.
11 Zwei wichtige Pioniere, die es verdienen, hervorgehoben zu werden, sind Bing (1988) und Hutchinson (1988).

liströs ist, sondern im Gegenteil in vieler Hinsicht originell. Es wäre jedoch unzeitgemäß zu glauben, dass die hellenistische Literatur wieder ins Zentrum des Interesses rücken könnte. Es ist nur zu hoffen – und dies ist das Ziel dieser Einführung –, dass einige Aspekte ins Licht treten könnten, die diese Periode in gewissem Sinne zur ersten „modernen" erheben. Dazu müssen aber einige historische Daten und Entwicklungen berücksichtigt werden, die am Ende dieses kurzen Einleitungskapitels noch erörtert werden sollen.

Der Begriff ‚Hellenismus' (ἑλληνισμός) und das davon abgeleitete Adjektiv ‚hellenistisch' wurden von Johann Gustav Droysen geprägt in seinem bahnbrechenden Werk *Geschichte des Hellenismus* (1836). Pfeiffer hat später nachgewiesen, dass das Adjektiv neuzeitlich ist und von Bibelforschern geprägt wurde, um κοινή-Griechisch[12] und damit verbundene Erscheinungen zu bezeichnen.[13] Das hellenistische Zeitalter umfasst die Geschichte der Staaten, die nach dem Tod Alexanders des Großen (323 v. Chr.) auf den von ihm eroberten und der hellenischen Kultur einverleibten Gebieten entstanden sind. Die Herrscher dieser politischen Formationen wurden Diadochoi (‚Erben'), ihre Länder auch Diadochen-Staaten genannt. Eins der wichtigsten und erfolgreichsten Reiche war das der Ptolemäer in Ägypten, dessen erster Herrscher, Ptolemaios I. Soter, der ehemalige Feldherr des Alexandros, war. Das Zentrum des Reichs, Alexandria, wurde 331 v. Chr. von Alexander dem Großen höchstpersönlich gegründet. Später hat Ptolemaios I. seinen Leichnam hierhin überbringen lassen und zu dessen Aufbewahrung ein Mausoleum errichtet. Das Reich bestand bis zum Jahre 31 v. Chr. fort, als es nach der Schlacht bei Actium – wie auch andere Teile der ehemaligen griechischen Welt – in römische Oberherrschaft überging. Seine Hochblüte erreichte es unter der Herrschaft der ersten drei Ptolemäer, und auch seine literarische Kultur entfaltete sich während dieser Periode am eindrucksvollsten. Aus diesem Grund spricht man auch von ‚alexandrinischer' Literatur.

Die Ptolemäer herrschten sowohl über die alteingesessenen ägyptischen Einwohner als auch über diejenigen Einwanderer, deren Sprache und Kultur die griechische war und deren Elite zur Entourage des Königs gehörte.[14] Dieses doppelte soziokulturelle Gebilde nennt man das Ianus-Gesicht des ptolemäischen Reichs. Demzufolge trafen im Schmelztiegel Alexandria zumindest zwei Kulturen aufeinander: die griechische und die ägyptische. Ein Ansatz besagt, dass beide Kulturkreise – abgesehen von einigen unvermeidlichen Überlappungen in puncto Herrscherideologie – bis 217 v. Chr., bis zum Jahr der Schlacht bei Raphia, isoliert nebeneinander bestanden, worauf eine Umorientierung aufgrund der militärischen Teilnahme der ägyptischen Söldner auf der Seite des Ptolemaios IV. Philopator

---

[12] Das Wort bedeutet ‚gemeinsam', was sich darauf bezieht, dass eine Sprachvariante als Verständigungsmittel zwischen Sprachgemeinschaften dient, die geographisch abseits liegen und manchmal auch kulturell verschieden sind (später *lingua franca* genannt). Das Neue Testament ist in dieser Varietät des Griechischen verfasst worden.
[13] Pfeiffer 1955, S. 70.
[14] Vgl. Weber 1993.

gegen den Seleukidenkönig Antiochos III. stattfand. Kürzlich ist auch die Meinung vertreten worden, die beiden Kulturen hätten einander durchdrungen, was zu einem bemerkenswerten Doppeltsehen (*seeing double*) geführt hat: Die alexandrinischen Dichter hätten dann beide Kulturen berücksichtigt und in ihren Werken reflektiert.[15] Dies ist an und für sich zwar naheliegend, jedoch gerade in literarischer Hinsicht problematisch, weil sich alles restlos – ohne auf die Wirkung des ägyptischen Ambiente zurückzugreifen – aus der griechischen Kultur und Literaturgeschichte erklären lässt. Deshalb ist die „ägyptische" Lesart der alexandrinischen Literatur kein Gegenstand dieses Buches. Wie dem auch sei, auf das alexandrinische Kulturleben dürfte zugetroffen haben, was Kallimachos in einem Fragment seiner *Aitien* schildert (*Ait. fr.* 178). Hier versucht Pollis, einer der alexandrinischen Honoratioren athenischer Herkunft, ein attisches Fest (*Anthesterien*) in seiner Wahlheimat einzuführen, und hält in seinem Haus ein Bankett ab, zu dem sich Griechen aus aller Herren Länder einfinden und sich am selben Tisch versammeln. Diese Szenerie könnte als Metapher des kulturellen Lebens in Alexandria gelesen werden. Diesem am Alten festhaltenden Kultureifer werde ich mich noch im nächsten Kapitel zuwenden.

Mit dieser historischen Skizze schließt unser Einleitungskapitel. Im Folgenden soll das zentrale Thema schärfer heraustreten, wobei einige Begriffe sowie Aspekte untersucht werden, die die Grundtendenzen der alexandrinischen Literatur bestimmen. Darauf folgt die Präsentation der großen Dichterpersönlichkeiten in Form von Fallstudien, was ein direktes Zugehen auf ihre literarische Produktion ermöglicht.[16] Die autorzentrierten Abschnitte zielen zugleich auf einzelne Gattungen: Bei Theokrit kommt die Idylle, bei Poseidippos das Epigramm, bei Kallimachos der Hymnos, die Elegie und die „Lyrik", bei Apollonios die Epik zu Wort. Natürlich kann diese Einführung aufgrund ihres beschränkten Umfangs nur einen perspektivisch verkürzten Blick auf die Eigenart der hellenistischen Literatur bieten, trotzdem hoffe ich, dass es gelungen ist, etwas Wesentliches von ihrer Wesensart bei unserem Streifzug durch Dichter und Gattungen eingefangen zu haben.

---

[15] Die Koryphäe dieser Position ist Stephens 2003.
[16] Die wortgetreuen Prosa-Übersetzungen der zitierten poetischen Passagen dienen dem genauen Verständnis des Originals, was eine Grundvoraussetzung für die Analyse ist. Dabei wird weder kunstvolle Formschönheit noch ästhetischer Genuss aufseiten des Rezipienten angestrebt. Hier bemerke ich nur noch, dass dasselbe Anliegen und dieselbe Methodik (*close readings* der repräsentativen Werke der alexandrinischen Klassiker) auch Stephens 2018 auszeichnen. Das vorliegende Buch stellt das deutsche Pendant zu diesem dar, ist aber unabhängig davon entstanden, und es gibt keine Überlappungen in Bezug auf die zur Analyse ausgewählten Werk(teil)e. Die beiden ergänzen einander also auf eine komplementäre Weise. Weitere Einführungen in die hellenistische Literatur älteren Datums sind Bulloch 1985, Hunter 1997 und Gutzwiller 2007.

2 Einleitung

2.1 Die Überlieferung der hellenistischen Literatur

Das Wort ‚Literatur' stammt aus dem Lateinischen, wo *litterae* ‚Buchstaben' bedeuten. Somit scheint Literatur *ab ovo* mit der Schrift verknüpft zu sein. Dies ist aber nicht der Fall, denn die schriftlich fixierte Literatur gab es nicht von jeher. Beginnend mit der Zeit der epischen Sänger wurde Dichtung[17] bis zum Hellenismus hauptsächlich, wenn nicht ausschließlich, mündlich vorgetragen. Ob rezitiert, gesungen oder wie auch immer vorgetragen – die Literatur blieb nach wie vor profanen und rituellen Anlässen verhaftet, die eine orale Darbietung nahelegten oder sogar erforderten, obwohl die Möglichkeit schriftlichen Festhaltens spätestens seit dem Ende des 9. Jahrhunderts, seit der Erfindung des griechischen Alphabets aus dem phönizischen heraus, vorlag. Die Schrift dürfte jedoch zunächst als Kompositions und Erinnerungshilfe, nicht als Zielmedium, benutzt worden sein. Wie in der Einleitung schon erwähnt wurde, bahnt sich im Hellenismus eine neue Praxis an. Aus verschiedenen Gründen, auf die wir noch zu sprechen kommen, zeichnet sich eine Verschiebung zu einer Literaturproduktion schriftlicher Prägung ab, ohne dass die mündlichen Spielarten verschwinden.[18]

Die hellenistischen Literaten gingen ähnlich zu Werke, gleichviel ob sie die schriftliche Tradition mit philologischen Methoden betreuten oder ihre eigenen dichterischen Werke produzierten. Sie benutzten dabei den Papyrus (lateinisch *charta*) als Schriftträger, die Papyrusrolle wurde beim Lesen von links nach rechts Kolumne für Kolumne abgewickelt, sodass immer die rechts stehenden Schriftteile zum Vorschein kamen. Wenn man mit dem Lesen aufhören wollte, wurde die Rolle (lateinisch *rotulus* oder *volumen*, beide nach dem Akt des Drehens benannt) wieder aufgewickelt und in einem ledernen Behältnis in einer Nische an der Wand (*nidus*, wörtlich *Nest*) oder einem Schrank (*armarium*, also ursprünglich für Waffen gedacht) aufbewahrt. Den Texten waren meistens Erklärungen beigegeben:

---

[17] Das deutsche Wort ist mit ähnlichen Assoziationen befrachtet, stammt es doch aus lateinischem *dictare* (vgl. engl. *indite*, *dight*).

[18] Es ist umstritten, welche Rolle den traditionelleren Formen zufiel und in welchem Ausmaß sie noch praktiziert wurden. Sicher ist aber, dass sie noch langfristig im Schwange waren (so die Hauptthese des Buchs von Cameron 1995). Dies war sogar unvermeidlich, wenn man in Betracht zieht, dass man bis ins 4. Jhd. n. Chr. ausschließlich laut gelesen hat. Zum Verhältnis der hellenistischen Literatur zu den mündlichen Vortragsformen vgl. die Erwägungen zu den Hymnen des Kallimachos (3.3.1).

entweder als eigene Werke in Form von Kommentaren (*hypomnemata*)[19] oder als Randnotizen auf den die Werke enthaltenden Papyri selbst als Scholien.[20] Es ist eine Frage für sich, ob nur die Klassiker im strengen Sinne solche Kommentierung erfuhren oder auch die zeitgenössischen Dichter. Für diese letztere Möglichkeit spricht der berühmte Papyrus von Lille (ed. 1976), der außer Stesichoros-Fragmenten die *Victoria Berenices*, Anfangselegie des dritten Buchs der *Aitien* des Kallimachos (*fr.* 54 Harder = 254 SH), mitsamt Scholieneinträgen enthielt. Diese könnten aufgrund ihrer Beschaffenheit im Schulbetrieb entstanden sein. Auf diese Weise hat also der Hellenismus für die Überlieferung seiner eigenen Literatur gesorgt. Die bewundernswerte Tätigkeit dieser ersten Philologen werden wir im nächsten Kapitel genauer kennenlernen.

Diese schriftliche Tradition ist infolge der Unbilden der beiden nachfolgenden Jahrtausende stark beschädigt worden, sodass manche Werke nur bruchstückhaft, manche gar nicht auf uns gekommen sind. Es hat dem Korpus hellenistischer Dichter in nicht unbedeutendem Maße Abbruch getan, dass sie im 2. Jhd. n. Chr., während der sog. ‚zweiten Sophistik', weniger gelesen wurden und höchstens ein „Schmankerl" auf der klassisch gehaltenen Menükarte des Schulunterrichts darstellten. Diese Periode war allerdings eine Sternstunde in der Überlieferungsgeschichte, da sie grundsätzlich entschied, welcher Teil der Literatur es bis in den Fluss der mittelalterlichen Tradierung schaffte und welcher auf der Strecke blieb. Denn in diesem Zeitalter kam es vermehrt zum Einsatz von Pergamentkodizes, die die Überlebenschancen der in diese neue Medienform hinübergeführten Literatur

---

[19] Sowohl die griechische (*hypomnema*) als auch die lateinische Bezeichnung (*commentarius*) gehen auf dieselbe Wurzel, die ‚Gedächtnis' bedeutet, zurück. Demgemäß soll der Kommentar seinen Leser daran erinnern, was er wissen muss, um das Werk vollkommen verstehen zu können.

[20] Der Begriff *scholion* stammt aus dem griechischen Wort σχολή = ‚Freizeit', ‚Muße' und deutet darauf hin, dass Lernen, also die Beschäftigung mit den Autoren guten Stils, in der Antike das Privileg der Aristokraten- und Patrizierkinder war. Das blieb so, bis im 19. Jhd. die ‚Volksschule' aus den bürgerlichen Freiheitsbewegungen heraus entstand. Die Wörter *Schule*, *school*, *école* leiten sich über *schola* im Lateinischen von σχολή im Griechischen her. Diese erläuternden Angaben hatten also die wichtige Funktion, Schülern, die Griechisch manchmal als Fremdsprache lernten, zu helfen, Texte zu verstehen, deren Sprachgebrauch (z. B. der Homers) nicht selten von der jeweiligen Standardsprache abwich. Der Umstand, dass sich diese Einträge in Gestalt von metatextuellen Hinweisen in der Nähe des Haupttextes befinden, trägt erheblich dazu bei, dass der Leser durch einen kurzen Seitenblick sich Klarheit über ein Problem verschaffen kann. Die Papyrusrolle ist, wie ein gutes Buch, schwer abzulegen, denn dann rollt sie sich von selbst auf und die gesuchte Stelle ist nicht mehr leicht zu finden. So ist mehr als eine Rolle kaum zu lesen, was der Proliferation der Scholien Vorschub leistete, da so alle nötigen Informationen an der betreffenden Stelle versammelt und auf einen Blick zu erreichen waren.

beträchtlich erhöhten.[21] Autoren, die in der Schule nicht gelesen und unterrichtet wurden, weil sie dem klassizistischen Stilideal und Geschmack weniger entsprachen, wurden auch nicht kopiert, was dem Weitergeben (*traditio*) dieser Werke Abtrag getan hat, es sei denn, durch glückliche Papyrusfunde ist etwas von dieser sonst verlorengegangenen Tradition erhalten geblieben. Unter klassischem Stilideal versteht man hauptsächlich ein Auswahlprinzip, das sich an der Reinheit des Sprachgebrauchs orientierte, dienten doch die gelesenen Autoren vor allen Dingen der sprachlich-stilistischen Verfeinerung der Schüler, wobei puristisch-attisch ausgerichtete Maßstäbe gesetzt wurden. Die hellenistischen Dichter, die von Haus aus als eklektisch galten, zumal sie sich verschiedene Stilimpulse einverleibt haben, fanden weniger Anklang bei einem solchen Curriculum.

Noch zu berücksichtigen sind die Textfragmente, die aus der indirekten Überlieferung stammen und zur direkten Tradition eine wünschenswerte Ergänzung beisteuern. Denn kleinere Bruchstücke von Werken, deren Textüberlieferung abgerissen ist, können gelegentlich in Form von Zitaten aus anderen Werken geborgen werden, deren Autoren dieselben noch kannten und zitierten. Es muss allerdings eingeräumt werden, dass solche „Lehntexte", wie es sich bei Zitaten gehört, zumeist im Umfang ziemlich begrenzt sind und dass durch das Fehlen eines Kontextes die Interpretation erschwert wird. Ein Musterbeispiel und zugleich ein Wunder dieser zerbröckelten Überlieferungsgeschichte sind die schon erwähnten *Aitia* des Kallimachos. Auf dieses Werk sowie die ebenfalls fragmentarische *Ektheosis Arsinoes* wird später noch zurückzukommen sein.

Trotz der starken Fragmentierung der hellenistischen Literatur hat Τύχη einige umfänglichere Textkorpora vor dem Untergehen bewahrt. Ein etwas seltenerer Glücksfall ist es, wenn plötzlich ein (fast) vollständiger Papyrus mit einem bisher verschollen geglaubten Werk auftaucht. Genau dies geschah im Jahre 1992, als Poseidippos, von dem einzelne Gedichte bislang nur in der *Anthologia Graeca* zu lesen waren, mit einer ganzen Epigrammensammlung auf einem Mailänder Papyrus zum Vorschein kam.[22] Über die materielle Bereicherung hinaus bewies dieser Fund, dass die hellenistischen Kurzformdichter höchstpersönlich die Gedichte in thematische Zyklen innerhalb der Edition einer Gattung ordnen konnten, wie dies

---

[21] Das Wort ‚Pergament' (lat. *pergamentum*, engl. *parchment*) geht zurück auf Pergamon, das Zentrum des Attalidenreichs, wo man ständig mit den Ptolemäern in Alexandria rivalisierte. Laut einer Anekdote haben die Pergamener, als die Alexandriner über die ägyptischen Riedvorräte ein Embargo verhängten, ihren Rivalen Paroli geboten, indem sie speziell aufbereitetes Kalbleder als Schriftträger verwendeten. Die zu Seiten geschnittene Tierhaut konnte dann – wie das heutige Buch – zusammengebunden und durch harte (ursprünglich aus Holz gefertigte) Deckel umschlossen werden. Selbst das Wort ‚Kodex' bedeutet eigentlich ‚Baumstumpf' bzw. ‚zurechtgeschnittenen Holzklotz' (< lat. *caudex*). Nach dem buchenen (aber nicht ‚hanebüchenen') Deckel wurde später das ‚Buch' genannt.

[22] Die Bedeutung dieses Fundes kommt etwa der Wiederentdeckung des Bakchylides im Jahre 1896 nahe.

in den neun „Büchern" der poseidippischen Sammlung zu Tage tritt.[23] Es war aber öfter der Fall, dass Werke verschiedener Autoren (*miscellanea*) zusammen überliefert wurden, weil sie unter einem thematischen oder gattungsspezifischen Aspekt zusammengebündelt worden sind, woran die Tätigkeit eines Redaktors zu erkennen ist. Im späten Hellenismus (1. Jhd. v. Chr.) ist die erste, mehrere Autoren umfassende Epigrammensammlung unter der Redaktion des Meleagros von Gadara erschienen. Im Abstand von etwa einem halben Jahrhundert folgte ihr eine *editio ampliata* des Philippos von Thessalonike. Diese Sammlung galt für die kommenden Jahrhunderte als der standardmäßige Fundort der Epigrammenproduktion der griechischen Antike. Erneute Überarbeitungen hat sie im 6. Jhd. n. Chr. durch Agathias Scholastikos, im 10. durch Konstantinos Kephalas, schließlich im 13. durch Maximos Planudes erfahren. Die planudeische Sammlung (sog. *Anthologia Planudea*) ist lange Zeit die mustergültige geblieben, bis in der ersten Hälfte des 17. Jhd.s Claude Saumaise (Claudius Salmasius) in Heidelberg auf eine Abschrift der Rezension des Kephalas (*codex Palatinus*) stieß. Diese nunmehr *Anthologia Palatina* genannte Handschrift[24] hat wichtige Ergänzungen zum bereits vorhandenen Material geliefert, sodass man heute von einer *Anthologia Graeca* spricht, die beide Redaktionen vereinigt.

Eine ähnliche, thematisch strukturierte Sammlung, die ich nur kurz erwähne, ist unter dem Stichwort ‚Epik des Hellenismus' entstanden, und enthielt die *Argonautika* des Apollonios von Rhodos, die Idyllen Theokrits und die Lehrgedichte von Aratos und Nikander: Diesen Autoren ist über die hexametrische Form hinaus gemeinsam, dass sie teilweise althergebrachte Traditionen des Epos (Homer) und des Lehrgedichts (Hesiod) fortsetzten, teilweise (Theokrit) eine neue Gattung (εἰδύλλιον) mit einem beachtlichen Ausläufer in der römischen Literatur (Vergils *Eklogen*) schufen.

Besondere Beachtung verdienen die Geschicke einer spätantiken Hymnenanthologie, deren Redaktionsphasen weithin unaufgeklärt sind (man vermutet dahinter einen gewissen Sallustios, dessen Identität jedoch sich unserer Kenntnis weitgehend entzieht). Fest steht, dass darin hymnische Gedichte unterschiedlichen Charakters und Alters zusammengefasst worden sind: Sie enthielt die sog. homerischen Hymnen, die Hymnen des Kallimachos, die *Argonautika* des Orpheus sowie die diesem zugeschriebenen Hymnen, schließlich auch die philosophischen Gedichte des Neuplatonikers Proklos. Diese Sammlung wurde dann um die Wen-

---

[23] Über die Epigramme des Poseidippos vgl. das ihm gewidmete Kapitel unten (3.2).

[24] Das Beiwort *Palatinus* (im Deutschen auch in Wörtern wie ‚Paladin' und ‚Pfalz' übernommen) bezeichnet in diesem Fall in Anlehnung an den römischen *mons Palatinus* das Heidelberger Schloss und dessen berühmte Büchersammlung, die im Laufe der Geschichte manche Fährnisse überstanden hat („Aber schwer in das Tal hing die gigantische / Schicksalskundige Burg nieder bis auf den Grund..." Hölderlin: *Heidelberg*). Das Wort ‚Anthologie' bedeutet soviel wie ‚Blütenlese': Das Bild der von Blume zu Blume fliegenden Biene ist als poetologische Metapher seit Simonides (*fr.* 593) und Pindar (*P.* 10. 53 f.) geläufig.

de des 9–10. Jhd.s abgeschrieben, in einer Periode, die auch unter dem Namen ‚makedonische Renaissance' in der Geschichte von Byzanz bekannt ist.[25] Verwandt mit dieser Abschrift ist eine auf das 12. Jhd. datierbare Handschrift (Ψ), die ebenfalls verlorenging, letzten Endes aber die Handschriftenfamilie erzeugte, durch die uns die kallimacheischen Hymnen erhalten geblieben sind (in allen Textzeugen des Delos-Hymnos fehlen etliche Verse – das gemeinsame Defizit lässt auf einen gemeinsamen Archetyp schließen).[26] Einen Vertreter dieser Familie haben Francesco Filelfo und Giovanni Aurispa am Anfang des 15. Jhd.s erstanden, der dann als Vorlage für den Druck der Hymnen in der *editio princeps* der Werke des Kallimachos durch Ianus Laskaris um 1490 diente.

Auf derart verschlungenen Pfaden ist ein Buch des Kallimachos auf uns gekommen. Dabei dürften auch die wichtigsten Wendepunkte und Krisen der Überlieferungsgeschichte der hellenistischen Literatur hervorgetreten sein. Nur eine schicksalsträchtige Phase haben wir bisher nicht erwähnt: das Lateinische Kaiserreich (1204–1261), gegründet von den Teilnehmern des vierten Kreuzzugs, wobei der Hofstaat von Konstantinopel nach Nikaia umgezogen ist. Im Trubel dieses Umzugs könnte Ψ untergegangen sein. Ein weiterer schmerzlicher Verlust dieser krisenhaften Zeit war das Verschwinden des Kleinepos *Hekale* des Kallimachos, eines Werks, das am Ende des 12. Jhd.s von Michael Choniates, der es für sein Leben gern zitiert, noch vollständig gelesen worden sein dürfte.

Im Folgenden wenden wir uns zum Ausgangspunkt zurück und werden untersuchen, welche kulturell-gesellschaftlichen Bedingungen dieses beispiellose Interesse an der eigenen literarischen Vergangenheit hervorgebracht hatten.

---

[25] Diese Zeit hat sowohl das als Suda bekannte lexikographische Werk als auch die oben genannte, Konstantinos Kephalas zugeschriebene Gedichtsammlung hervorgebracht.
[26] S. unten (2.3) *h*. 4. 77 a–b.

2.2   Dichter und Philologe*

Alexandria, die Hauptstadt des Ptolemäerreichs, durch den Welteroberer Alexander gegründet und nach ihm benannt, war noch aus einem weiteren Grund dazu erkoren, das kulturelle Zentrum der griechischen Welt im 3. Jahrhundert zu werden. Im vierten Gesang der *Odyssee* erscheint die nördliche Küste Ägyptens als Reich des Proteus. Die Alexandriner dürften in dieser Episode ihren Gründungsmythos à la Homer erblickt haben. Die historischen Verhältnisse sprachen eine ganz andere Sprache: Die Griechen waren auf ägyptischem Boden eine Minderheit im Vergleich zu den autochthonen Einwohnern, was für eine Art Fremdeln gesorgt haben muss. Ein amerikanischer Forscher hat diese Erfahrung als ‚kulturellen Schock' bezeichnet,[27] was manche zeitpolitischen Erscheinungen als Reaktionen auf dieses Miteinanderleben erklären könnte. Eins dieser Phänomene war das philologische Betreuen des literarischen Erbes. Diese Tätigkeit dürfte der alexandrinischen Elite einen nicht zu unterschätzenden seelischen Halt gegeben und maßgeblich zu ihrem Identitätsgefühl beigetragen haben. Ihr Eifer und Ehrgeiz gingen dermaßen weit, dass sie gegen ein ansehnliches Pfand die lykurgischen Staatsexemplare der drei Tragiker aus dem athenischen Archiv sollen ausgeliehen haben. Daraufhin haben sie statt der Originale nur die Abschriften zurückgegeben, ohne sich dabei über den Verlust ihres Geldes graue Haare wachsen zu lassen.[28] Warum waren denn solche Maßnahmen überhaupt nötig?

Alexandria war ein Bildungsstandort, dessen wichtigste Institution das als Museion bekannte Forschungszentrum war.[29] Es wurde von Ptolemaios I. Soter gegründet, seine echte Blüte erreichte es jedoch während der Regierung seines Sohnes, Ptolemaios II. Philadelphos. Der Begriff bedeutet eigentlich ‚Musenhain',[30] was auf eine Anstalt hindeutet, die sich die Beschäftigung mit musischen Wissenschaften zum Ziel setzt. Das Herzstück des Museions war die ‚Bibliothek', deren Funktionen und Aufgabengebiete jedoch viel breiter gefächert waren als die einer Bibliothek in modernem Sinne des Wortes. Die Bibliothekare im Museion

---

* Diese kurze Skizze kann und will R. Pfeiffers meisterhaft-minutiöser Darstellung der hellenistischen Philologie (1968, Part II) nicht das Wasser reichen.
[27] Zanker 1987.
[28] Die hübsche, aber nicht ganz verlässliche Anekdote ist bei Galen (*comm. ad epid.* 17a 607 Kühn) überliefert.
[29] Zur Eigenart des Museions, zu seinem Verhältnis zur alexandrinischen Bibliothek, zu deren Bücherbeständen sowie zur wechselvollen Geschichte der beiden vgl. Nesselrath 2013, S. 65–89.
[30] Das Wort Μουσεῖον ist ursprünglich ein neutrales Adjektiv, also ‚den Musen gehörend', was praktisch von Anfang an einen den Musen heiligen Kultbezirk (samt Heiligtum) bezeichnete, der architektonisch immer in Naturambiente (Garten, Hain) als *locus amoenus* eingerichtet war. Ein berühmtes Spezimen derartiger Musenhaine und -heime ist das archäologisch erkundete in der Nähe Athens, dessen Bauherr ein gewisser Archedamos von Thera war.

haben nicht nur die ihnen anvertrauten Handschriften sorgfältig katalogisiert und aufbewahrt, sondern „mit heißem Bemühn" auch studiert. Mithin waren sie nicht nur Kustoden, sondern auch Kuratoren und Philologen. Was das eigentlich bedeutete, wird im Folgenden erläutert. Über diese wissenschaftliche Dimension hinaus hatte das Museion auch an Erholungspotenzial viel zu bieten: Es verfügte über einen Wildpark (παράδεισος), der als zoologisches Observatorium und königliches Jagdrevier zugleich diente. Die Präsenz sowie das Interesse des Herrschers machte sich somit auf Schritt und Tritt bemerkbar. Die Privilegierten des Forschungssystems genossen unter anderem weitgehend Steuerfreiheit, sodass kaum verwundern kann, dass sie dafür einige Loyalitätsbekundungen gegenüber der milden Hand stets parat hatten (darüber im nächsten Kapitel). Diese Ausnahmestellung hat naturgemäß den Neid derjenigen erregt, denen die königliche Gunst versagt blieb. Zur Schar dieser Nörgler gehörte Timon von Phlius, der in einigen Spottversen[31] das Philologengetue im Museion folgendermaßen unter Beschuss nahm:

πολλοὶ μὲν βόσκονται ἐν Αἰγύπτῳ πολυφύλλῳ,
βιβλιακοὶ χαρακῖται ἀπείριτα δηριόωντες
Μουσέων ἐν ταλάρῳ.   (*fr.* 786 SH)

Viele mästen sich im Lande des vielblättrigen[32] Ägypten: Die Bücherwürmer hinter vergitterten Zäunen zanken sich am laufenden Bande im Musenbauer.[33]

Die Metapher ‚Käfig der Musen' geht wahrscheinlich auf die Praxis zurück, dass im Museion auch Tiere gehalten wurden. Die Musen erscheinen als eingesperrte Singvögel. Die genaue Bedeutung des Substantivs χαρακῖται entzieht sich unserer Kenntnis: Es könnte sich vom Verb χαράσσειν ‚einmeißeln' herleiten, wodurch die „Kritzeleien" der Philologen verhohnepipelt würden, oder von χάραξ ‚Pfahl', was auf die esoterisch umfriedete Sphäre des Museions gehen würde.[34]

Dieses Zerrbild enthält gewiss auch ein Fünkchen Wahrheit: Die alexandrinischen Philologen dürften Literaturfanatiker gewesen sein, die einen beträchtlichen Teil ihrer Zeit mit Lesen und Schreiben zugebracht haben werden. Das Attribut

---

[31] Die σίλλοι genannten Gedichte bedeuteten ursprünglich ‚Scheelblicke', waren also keineswegs „zahme Xenien".

[32] Das bei Athenaios überlieferte Attribut πολύφυλλος (Musurus' Lesart πολύφυλος, d. h. ‚vielstämmig', ist flau) könnte nicht nur auf die legendäre Fruchtbarkeit Ägyptens hindeuten, sondern mithilfe der Mehrdeutigkeit von φύλλον auch auf die Papyrusrollen der Sammlung der Bibliothek.

[33] Die Querelen der Philologen sind das Thema des ersten und vierten Iambos des Kallimachos (*fr.* 191 und 194 Pfeiffer).

[34] Die andere geläufige Metapher ist die des ‚elfenbeinernen Turms'. Dieser hat einen biblischen Ursprung: Von einer erotischen Metapher im Hohenlied (Bild des schlanken Halses der Frau) hat er es in die Mariologie geschafft und wurde später zu einem Symbol der Unnahbarkeit.

φιλόλογος kommt bereits bei Platon vor (z. B. *Phdr.* 236E), wohlgemerkt noch nicht in technischem Sinne, sondern als Bezeichnung des Mannes, der viel für Gespräche und Unterhaltung übrig hat. Bei Aristoteles bedeutet es schon ‚Literaturfreund' (*Rhet.* 1398B 14), und spätestens bis zur Zeit der Alexandriner entsteht der Begriff des ‚Philologen' als einer Berufsbezeichnung. Laut Suetonius (*Gramm.* 10) war Eratosthenes der Erste, der als Philologe seines Zeichens galt. Die Liebe zur Literatur bekundete sich bei diesen Gelehrten nicht nur darin, dass sie die Klassiker der literarischen Vergangenheit eifrig lasen, sondern auch darin, dass sie diese sorgfältig betreuten. Wenn man sich ihre Tätigkeit näher anschaut, fällt eine große Ähnlichkeit mit der neuzeitlichen Philologie auf sowohl hinsichtlich ihrer Ziele als auch ihres Instrumentariums. Denn dieser war immer daran gelegen, den ‚guten' Text, der den Absichten des Autors am ehesten entspricht, zu ermitteln. In diesem Sinne lohnt es sich, ihre Arbeitsweise besser kennenzulernen. So wird man Schnittstellen mit der modernen philologischen Praxis feststellen und der Leistung der Alexandriner in ihrem historischen Kontext besser gerecht werden.

Die bedeutendsten Vertreter der Philologie im Museion waren zugleich Bibliotheksvorsteher, die vom Herrscher persönlich für dieses Amt berufen worden sind. Die einzige Ausnahme ist Kallimachos, der trotz seines hohen Prestiges und trotz der Nähe zu der Herrscherfamilie nie dieses Amt bekleidet haben soll: Er ist ein Dichterfürst und eine unanfechtbare Autorität geblieben, ohne zu einem emsigen Funktionär zu werden.[35] Der Erste, der als Hofbibliothekar diente, war Zenodot von Ephesos. Er wird vor allem mit den Urausgaben (ἐκδόσεις) griechischer Klassiker verbunden, die ἐδάφη (‚Quellen') hießen. Er dürfte dazu mehrere Handschriften verglichen und so seine eigene „kritische" Ausgabe entwickelt haben. Zenodot blieb ein Bezugspunkt für Spätere, seine Methoden sind uns jedoch etwas schattenhaft. Beerbt hat ihn in seinem Amt Eratosthenes von Kyrene, ein Landsmann des Kallimachos, berufen von Ptolemaios III. Euergetes gleich zu seinem Regierungsantritt (246 v. Chr.). Er war ein Polymath von echtem Schrot und Korn, der sich in mehreren Disziplinen hervorgetan,[36] es jedoch in keiner zu einem echten Primat gebracht hatte, was ihm den Spitznamen ‚Beta' eintrug. Ein einflussreicher Gedanke von ihm war die Entdeckung der „Fiktionalität". Auf die Frage, wo sich das Land von Aiolos, dem König der Winde, befinde, soll er geantwortet haben, jemand dürfte das herauskriegen, wenn er den Schuster findet, der den Leder-

---

[35] Trotzdem wird ihm die berühmteste ‚Bibliographie' der Antike zugeschrieben: In den *Pinakes* (‚Tafeln') soll Kallimachos alle im Museion auffindbaren Handschriften katalogisiert und mit Kommentaren zum Inhalt versehen haben. Das monumentale Werk ist heute restlos verschollen.

[36] Seine mathematischen Fähigkeiten hat er zur Schau gestellt, indem er durch eine einfache, aber geniale Methode den Umfang der Erde berechnete. Er hat das delische Problem, die sog. Würfelverdoppelung, in Versen beschrieben. Archimedes hat ihn so hochgeschätzt, dass er ihm sein eigenes mathematisches Gedicht über das *problema bovinum* (über die Zahl der Rinder in der Herde des Helios) widmete.

schlauch der Winde zusammengenäht hatte.[37] Vermittels dieser witzigen Formulierung hat er der realistischen Interpretation Homers die Ansicht entgegengehalten, nach der es in der Dichtung weniger um die Wahrheitswerte als um die seelische Erbauung und das damit verbundene Gefühl der Freude (*terpsis*) gehe. Diese Literaturauffassung hat später bei dem epikureisch gesinnten Philodem von Gadara (1. Jhd. v. Chr.) Zuspruch gefunden.[38]

Aristophanes von Byzanz wirkte um die Wende des 3–2. Jhd.s, um Einiges später als die große Generation der alexandrinischen Dichter. Seine Großleistung war die Festlegung der Versstruktur der lyrischen Gedichte, die Kolometrie genannt wird. Dieser Begriff deutet darauf hin, dass die Verse (κῶλα: ‚Glieder') nun eine bestimmte Länge bekamen, sodass die Gedichte auf dem Papyrus anders aussahen als die in gleichmäßigen Kolumnen ausgerichteten Prosa-Texte.[39]

Aristarch von Samothrake wird von den Späteren für den größten Philologen gehalten (ὁ κριτικώτατος: ‚der größte Kritiker'). Nach den Angaben des Proklos hat er als Erster ein textkritisches Prinzip folgerichtig angewendet, das auch von der modernen Philologie als gültig anerkannt wird. Aristarch war sich dessen bewusst, dass das Verständnis von Wörtern mit einem einzigen Vorkommen, den sog. ἅπαξ λεγόμενα, mit Schwierigkeiten verbunden war.[40] Er war der Meinung,

---

[37] Strab. 1. 2. 15.

[38] Diese „hedonistische" Auffassung der Dichtung ist bereits bei Hesiod bezeugt, dessen Musen die Sorgen vertreiben und das betrübte Herz aufmuntern (*theog.* 98–103): εἰ γάρ τις καὶ πένθος ἔχων νεοκηδέϊ θυμῷ / ἄζηται κραδίην ἀκαχήμενος, αὐτὰρ ἀοιδὸς / Μουσάων θεράπων κλεῖα προτέρων ἀνθρώπων / ὑμνήσει μάκαράς τε θεοὺς οἳ Ὄλυμπον ἔχουσιν, / αἶψ' ὅ γε δυσφροσυνέων ἐπιλήθεται οὐδέ τι κηδέων / μέμνηται· ταχέως δὲ παρέτραπε δῶρα θεάων; „Wenn jemandem Trauer in der vor Kurzem betrübten Seele haust und sein Herz bedrückt dahinwelkt, aber der Sänger kommt, der Diener der Musen, um die seligen Götter, die den Olymp bewohnen, zu besingen, dann vergisst er sofort seine Bekümmernisse und erinnert sich nicht seiner Sorgen: Die Gaben der Göttinnen haben ihn schnell berückt"). Der Ansicht der Epikureer über die Literatur stand die der Stoiker gegenüber, die stets auf eine Moral erpicht waren, und um jeden Preis belehrt werden wollten, wenn es anders nicht ging, durch Allegorese. Eine Mittelstellung in dieser Debatte hat Neoptolemos von Parion bezogen, der ein bestimmtes Gleichgewicht zwischen Belehrung/Erbauung und Ergötzen für wünschenswert hielt und damit Horaz beeinflusst zu haben scheint. Vgl. *ars* 343: *omne tulit punctum, qui miscuit utile dulci*.

[39] Aristophanes dürfte sich dabei an Vorarbeiten angelehnt haben, da einige Papyri aus der Zeit vor Aristophanes bekannt sind, die schon einen gewissen Versumbruch enthalten. Zu diesen gehört z. B. der Papyrus von Lille mit der *Thebais* von Stesichoros (vgl. oben Kapitel 2.1).

[40] Diese hatten bereits bei den Dichtern eine wichtige Rolle, da sie erheblich zum Schmuck der poetischen Rede beitrugen. Zugleich ist die Art und Weise, wie ein Dichter ein Hapax verwendet, eine „philologische" Stellungnahme bezüglich der Interpretation des Wortes. Kontext und etymologische Kriterien sind meistens dazu angetan, die Bedeutung des Wortes festzulegen. Vgl. Rengakos 1992.

dass Homer aus Homer zu interpretieren sei. Wenn also das betreffende Wort bei ihm noch einmal vorkam (*dis legomenon*), musste zuerst dieses untersucht und ein anderer Autor erst dann herangezogen werden, wenn das Problem aus demselben Dichter nicht zu lösen war.[41] Zugrunde liegt dieser Methode die Auffassung, dass der Dichter ein Wort konsequent verwendet.

Den alexandrinischen Philologen war das Phänomen der Textverderbnis geläufig, und sie haben textkritische Zeichen benutzt, um Problemstellen im Text hervorzuheben (die Konvention der Markierung war jedoch von einem Philologen zum anderen unterschiedlich). Es konnte vorkommen, dass ein ganzer Vers als unecht verdächtigt wurde. In diesem Fall setzte man einen waagerechten Strich (*obelos* = „Spieß"), der schon bei Zenodot auf eine Athetese hinwies. Dieses Wort bedeutete, dass der Vers nicht getilgt, aber für ‚nicht (vom Autor) gewollt' erachtet wurde. Hatte man eine kommentierende Angabe zu einer Stelle, verwendete man nach Aristarch eine Diple („Doppelstrich": >). Dieses Zeichen konnte auf einen Scholieneintrag innerhalb des Textes hinweisen oder auf ein anderes Werk, z. B. einen Kommentar (*hypomnema*), desselben Autors. In einigen Handschriften wie dem *Codex Venetus* Homers, sind textkritische Zeichen überliefert, aber das Meiste wissen wir von indirekten Textzeugen und Gewährsleuten, wie dem *Anecdoton Parisinum* oder dem Werk des Aristonikos Περὶ σημείων (*Über [kritische] Zeichen*).[42]

Außer der rein wissenschaftlichen Tätigkeit hatte das Museion noch eine Besonderheit: Es war Heimstatt origineller literarischer Produktion, deren Träger ebenfalls die hellenistischen Philologen waren. Dass Wissenschaft und Dichtung auf diese Weise so eng ineinander übergingen und sich unzertrennbar miteinander verflochten, ist vielleicht das wichtigste Charakteristikum der ganzen Ära. Dafür hat Strabo, der am Ende des 1. Jhd.s v. Chr. in Alexandria wirkte, einen Ausdruck geprägt, den er auf Philetas, Mentor und Lehrer von Zenodot und Ptolemaios II., gemünzt hat: Er sei ποιητὴς ἅμα καὶ κριτικός (14. 2. 19) gewesen, hätte also dichterisches Talent mit wissenschaftlichem Ernst und pedantischem Fleiß vereinigt.[43] Von Philetas' Werk sind kaum ein paar Seiten überliefert, jedoch kann man

---

[41] Eine Unterklasse der Hapax-Wörter sind die sog. πρῶτα λεγόμενα: Das erste Vorkommen des Wortes ist klar an einen Autor gebunden und die späteren Bezeugungen sind eindeutig als Reflexe dieses Archetyps zu werten.

[42] Dieser späthellenistische Autor samt drei anderen (Didymos, Herodianos und Nikanor) bildeten die Grundlage jener Kompilation, die in Byzanz unter dem Namen ‚Viermännerkommentar' lief. In diesem hat Didymos auf textkritische, Herodianos auf grammatische, Nikanor hingegen auf orthographische Aspekte abgehoben (daher war sein Spitzname στιγματίας, was ursprünglich einen gebrandmarkten Sklaven bezeichnet, hier aber nur soviel wie ‚Zeichensetzer').

[43] Horazens *poeta doctus*-Ideal ist mit dieser Auffassung verwandt: <u>natura</u> *fieret laudabile carmen an* <u>arte</u>, / *quaesitum est; ego nec* <u>studium</u> *sine divite vena / nec rude quid prosit video* <u>ingenium</u> (*ars* 408–410). Bei Ovid heißt es von Kallimachos: *quamvis ingenio non valet, arte valet* (*am.* 1. 15. 14), von Ennius *ingenio maximus, arte rudis*

aufgrund der Testimonien erahnen, welche Impulse von ihm auf die nachfolgende Generation ausgingen. Properz beginnt das dritte Buch seiner Elegien mit dem Distichon: *Callimachi manes et Coi sacra Philitae, / in vestrum, quaeso, me sinite ire nemus* (3. 1. 1 f.: „Geist des Kallimachos und heiliges Opfer des Philetas, lasst mich bitte euren Hain aufsuchen!"). Der auch als *Callimachus Romanus* apostrophierte Dichter hat durch diesen programmstiftenden Gedichtanfang zwei Koryphäen der hellenistischen Literatur um Inspiration angerufen. Die Wortwahl bei Philetas (*sacra*) ist dazu angetan, sein emblematisches Werk, die *Demeter*, zu evozieren.

Es ist eine Streitfrage seit eh und je, ob bei dem Aufblühen der alexandrinischen Literatur die Philologie oder die Dichtung den Vorrang gehabt haben dürfte. War Philetas ein Dichter mit lebhaften philologischen Interessen oder aber ein Gelehrter, der auch literarisch produktiv war?[44] Diese beiden Sphären bilden in der Periode, die wir behandeln, eine Einheit: Alle Persönlichkeiten, die in diesem Buch Revue passieren– abgesehen vielleicht von Theokrit – sind ποιηταὶ ἅμα καὶ κριτικοί. Erst am Ende des 3. Jhd.s hat sich die Gestalt des Fachphilologen, der Dichtung interpretiert, ohne selbst ein Dichter zu sein, in Aristophanes und Aristarchos herauskristallisiert.

Die Arbeitsweise der hellenistischen Klassiker kann man sich am besten vor Augen führen, wenn man eine gegenseitige Verquickung und Reflexion beider Aspekte annimmt. Dem Philologen lag daran, den Text bestmöglich zu konstituieren und zu kommentieren, um sich dadurch beim gebildeten Leser verdient zu machen, wobei er stets darüber reflektierte, was er aus den unversiegbaren Schätzen der Klassiker für sein originelles Werk in puncto Thema (*inventio*) und Sprachgebrauch (*elocutio*, *ornatus*) verwerten könnte. Und als er daran ging, seine eigenen Werke zu erarbeiten, waren jene Erfahrungen nicht wegzudenken, die er als Philologe gesammelt hatte. Manchmal bekundete sich dieser hohe Grad an Reflektiertheit bereits auf der Wortebene. Die besondere Vorliebe der Philologen galt, wie wir bereits sahen, preziösen Wörtern, und sie nahmen sich archaischer, poetischer, dialektaler Raritäten, die seit Aristoteles auch γλῶσσαι genannt werden, an, um ihren Werken einen erlesenen Anstrich zukommen zu lassen. Diese Anklänge sind aber auch auf höheren strukturellen Ebenen präsent. Die Werke der Alexandriner – wir werden dies in den Fallstudien eingehend analysieren – sind von den allerfeinsten Allusionen durchwoben, die dem betreffenden Passus, manchmal dem ganzen Werk, eine zusätzliche Bedeutungsnuance verleihen. Darüber hinaus verankern sie es im Kontinuum der griechischen Literaturtradition, wodurch sich eine neue historische Dimension auftut. Die Anforderung eines derartigen Werkes an den Intellekt des Lesers ist immer hoch und voraussetzungsreich, sodass die Alexandriner in erster Linie ihresgleichen (*intelligentsia*, *cognoscenti*), kurzum

---

(*trist.* 2. 424). Die beiden bilden nach dieser (nicht ganz objektiven) Wertschät-zung polare Gegensätze (s. das abschließende Nachleben-Kapitel).

[44] Vgl. Pfeiffer 1955 für die erstere, Kerkhecker 1997 für die letztere Meinung.

die gebildeten Leserkreise ansprechen.[45] Diese Art Technik hat G. Giangrande, der namhafte Forscher der hellenistischen Literatur, als *arte allusiva* bezeichnet. Durch viele minutiöse Textanalysen hat er erwiesen, dass die Kunst der Alexandriner bei näherem Besehen mehr ist als sie zuerst zu sein scheint: nicht nur oberflächliches Spiel mit Worten, sondern auch eine eindringliche historische Erfahrung, in der ein erhöhtes Bewusstsein sämtlicher Schichten und Aspekte der literarischen Tradition beschlossen liegt.

Damit ist es an der Zeit, zum Ausgangspunkt dieses Kapitels, dem kulturellen Schock als einer Massenpsychose des Zeitalters zurückzukehren. So wie es den Alexandrinern gelungen ist, in der unterägyptischen Küstenstadt, die nach Alexander hieß und mit Homers Proteus verbunden war, heimisch zu werden, haben sie sich auch die eigenen kulturellen Belange auf den Leib zugeschnitten, indem sie alle Verbindungen, durch die sie an die Vergangenheit anknüpfen konnten, durch ihre beflissene literarische Tätigkeit immer wieder aufsuchten und pflegten. Die Vergangenheit war nicht spurlos dahin, nur hat sie – gleich dem ägyptischen Robbenhirten – ihren Standort verlagert und sich verwandelt.[46] Die neue Devise hieß: *Was du ererbt von deinen Vätern hast, / erwirb es, um es zu besitzen!* (Faust I, 682 f.).

---

[45] Die oben erwähnten Scholien zur *Victoria Berenices* des Kallimachos legen es nahe, dass man einen dermaßen schwierigen Dichter auch in den unteren Klassen lesen konnte – nur der Grad des Verständnisses war jeweils verschieden. Ebenso kann auch Bachs Musik von einem musikalisch weniger Gebildeten in vollen Zügen genossen werden, obwohl seine eigentlichen Tiefen sich erst wahren Kennern (*homo emunctae naris necnon auris*) erschließen.

[46] Kallimachos nennt Proteus einen „Propheten aus Pallene" (*Ait. fr.* 54. 5 Harder: Παλληνέα μάντιν). Damit weist er auf die entlegene Mythosvariante, nach der der Gott ursprünglich in Thrakien gewohnt habe, dann aber – betrübt durch die Untaten seiner Söhne – durch einen unterseeischen Tunnel nach Ägypten geflohen sei.

2.3 Dichter und König

Im vorigen Kapitel haben wir uns in der verhältnismäßig geschlossenen Welt des alexandrinischen Museums bewegt. Die zeitpolitische Dimension, die sich hinter dem kulturellen Phänomen auftat, die Präsenz der Scholien-Erklärungen im Umfeld von zeitgenössischen Texten, sowie die allgemeine Erfahrung, dass sich Literatur immer im Zusammenspiel oder im Widerstreit mit gewissen Publikumserwartungen, aber nie in einem kultursoziologischen Vakuum konstituiert, machen die Annahme von vornherein unwahrscheinlich, dass die Philologen der Zeit in einem ‚elfenbeinernen Turm', gegen jedwede äußere Einwirkung abgeschottet, nur für sich selbst und einen engen Fachkreis gleichgesinnter Kollegen gearbeitet hätten.[47] In diesem Kapitel wird einem viel wahrscheinlicheren Szenario nachgegangen, der Einbettung der alexandrinischen Dichterphilologen in eine höfische Wirklichkeit sowie ihrem Verhältnis zu den jeweiligen Herrschern.[48] Diese Perspektive scheint deshalb lohnend zu sein, weil der Hof eine wichtige Bewährungssphäre für die literarischen Akteure darstellte. Die höfischen Belange umfassen jedoch eine Menge heterogener Wechselbeziehungen.[49] Diese spannten sich zwischen dem Dichter und dem Herrscher an den beiden Außenseiten des Spektrums. Zwischen ihnen erstreckt sich eine ganze Bandbreite verschiedener Literaturproduzenten oder -konsumenten, die mit ihren Tätigkeiten und Verhaltensweisen auf den Literaturbetrieb abfärbten. Die Dynamik dieser Beziehungen ist äußerst schwierig nachzuvollziehen. Deshalb wird unser Augenmerk im Folgenden ausschließlich dem spektakulären Verhältnis von Dichter und König, das einen Symptomwert für die gesamte höfische Kultur besitzt, gelten.

Es muss vorausgeschickt werden, dass dieses Thema seit jeher mit negativen Assoziationen behaftet ist. Unser Ideal des Literarischen ist erheblich mitgeprägt von der subjektiven und individualistischen Literaturauffassung der Romantik, die jede Art höfischer, und was damit in eins gesetzt wird: Gelegenheitsdichtung, zu einem Ausbund an Servilität, Opportunismus und Epigonentum stempelte. Mit „reinem Gewissen" ist die höfische Dichtung zuletzt vielleicht im Barock praktiziert und als Kernbestand der römischen Tradition von der neulateinischen Literatur vorbehaltlos vereinnahmt worden. Es ist indes ein Charakteristikum der alexandrinischen Literatur, dass das Höfische als eine natürliche Lebensform derselben in Erscheinung tritt. Es gibt also keine streng kodifizierte höfische Etikette, nach der sich die Dichter richten sollten, wie z. B. später in der Renaissance,[50] im Gegenteil: Es scheint ein lockerer Ton nach der Devise *anything goes* vorzuherr-

---

[47] Dies ist eine Grundthese des Buchs von Cameron (1995), das seinerzeit ikonoklastisch gegen sämtliche Vorurteile hinsichtlich der hellenistischen Literatur anging.
[48] Auf ein anderes wichtiges Szenario, das Verhältnis von Literatur und kultischen Anlässen, werde ich im Kapitel über die kallimacheischen Hymnen (3.3.1) zurückkehren.
[49] Vgl. Weber 1993.
[50] Vgl. Kerkhecker 1997, der B. Castigliones *Il cortigiano* für eine typische Kodifikation hält.

schen. Was diese Art „höfischer Literatur" besonders interessant macht, ist die bemerkenswerte Spannweite ihrer Ausdrucksmittel, Stimmungen und Farbtöne. Wiewohl sich die Dichter in mancher Hinsicht an den Herrscher gebunden fühlen, bleibt ihr Austausch mit diesem keineswegs dem subalternen Katzbuckeln von Hofschranzen verhaftet. Sie verrichten dieses *ministerium* eher als gute Freunde oder freundlich gesinnte Berater des Herrschers, die sich bestimmter Freiheiten gegenüber ihrem Gönner bedienen dürfen. Es ist wieder Cameron, der darauf hinweist, wie viel Humor in die scheinbar engen Schranken der höfischen Literatur passt.[51] Die hellenistischen Dichter scheinen in vollen Zügen das genossen und praktiziert zu haben, was man seit dem Mittelalter ‚*Narrenfreiheit*' nennt.[52] In einem Gedicht Theokrits (*id*. 17 = *Encomium Ptolemaei*), das bezüglich der gängigen Topoi herrscherlicher Preisdichtung eine wahre Goldmine ist,[53] erscheint Ptolemaios Philadelphos in olympischem Ambiente zur Seite des Zeus, wobei er zusammen mit Alexander dem Großen den leicht bezechten Herakles, seinen dynastischen Vorfahren, in das Schlafgemach der Hebe begleitet:

> καί οἱ (sc. Ptolemaeo Soteri) χρύσεος θρόνος ἐν Διὸς οἴκῳ
> δέδμηται· παρὰ δ' αὐτὸν Ἀλέξανδρος φίλα εἰδώς
> ἑδριάει, Πέρσαισι βαρὺς θεὸς αἰολομίτρας.
> ἀντία δ' Ἡρακλῆος ἕδρα κενταυροφόνοιο
> ἵδρυται στερεοῖο τετυγμένα ἐξ ἀδάμαντος·
> ἔνθα σὺν ἄλλοισιν θαλίας ἔχει Οὐρανίδῃσι,
> χαίρων υἱωνῶν περιώσιον υἱωνοῖσιν,
> ὅττι σφεων Κρονίδης μελέων ἐξείλετο γῆρας,
> ἀθάνατοι δὲ καλεῦνται ἑοὶ νέποδες γεγαῶτες.
> ἄμφω γὰρ πρόγονός σφιν ὁ καρτερὸς Ἡρακλείδας,
> ἀμφότεροι δ' ἀριθμεῦνται ἐς ἔσχατον Ἡρακλῆα.
> τῷ καὶ ἐπεὶ δαίτηθεν ἴοι κεκορημένος ἤδη
> νέκταρος εὐόδμοιο φίλας ἐς δῶμ' ἀλόχοιο,
> τῷ μὲν τόξον ἔδωκεν ὑπωλένιόν τε φαρέτραν,
> τῷ δὲ σιδάρειον σκύταλον κεχαραγμένον ὄζοις·
> οἱ δ' εἰς ἀμβρόσιον θάλαμον λευκοσφύρου Ἥβης
> ὅπλα καὶ αὐτὸν ἄγουσι γενειήταν Διὸς υἱόν.   (V. 17–33)

(...) Ihm (dem Ptolemaios Soter) ist ein goldener Thron in Zeus' Haus errichtet worden. Neben ihm sitzt der ihm gewogene Alexander, dieser den Persern feindlich gesinnte Gott mit bunter Kopfbinde. Diesem gegenüber steht der aus festem Erz geschmiedete Sessel des zentaurentötenden Herakles. Dort feiert er Feste von anderen Himmelsbewohnern umgeben, stets herzlich erfreut über die Kinder seiner Kindeskinder, dass ihnen der Sohn des Kronos das Greisenalter aus den Gliedern genom-

---

[51] Cameron 1995, S. 11–23.
[52] Eine spektakuläre Ausprägung dieser Figur auf der Bühne ist der Narr in *King Lear* von Shakespeare.
[53] Vgl. dazu gleich das nächste Kapitel.

men hatte, und seine Nachkommen, obschon geboren (und daher sterblich), den Ruhm der Unsterblichen genießen. Denn ihrer beider Vorfahre ist der starke Sohn des Herakles, und beide erblicken in Herakles ihren Stammesältesten. Sooft er sich also anschickt, vom Trinkgelage, wenn er sich am blumigen Nektar gütlich getan hat, die Kemenate seiner lieblichen Frau aufzusuchen, übergibt er dem einen seinen Bogen und den Köcher unter dem Arm, dem anderen seine eherne Keule mit geschnitztem Geäder. Und die beiden tragen seine Waffen in das von Ambrosia duftende Gemach der weißfüßigen Hebe und führen dorthin selbst den bärtigen Sohn des Zeus.

Dieses olympische Internum im Beisein des Herakles und seiner beiden Nachfolger erinnert an den Empfang Apolls am Beginn seines homerischen Hymnos (*h. Ap.* 1–18). Die Helden sind durch ihre Machtinsignien gekennzeichnet (die Mitra Alexanders, die Keule und der Bogen des Herakles), die eine feierliche Atmosphäre vermitteln. Innerhalb dieser ernsten Szene wird nun Herakles ein Streich gespielt, indem darauf hingewiesen wird, dass er einem guten Tropfen nicht abgeneigt ist[54] und sich etwas berauscht in sein Schlafzimmer führen lässt. Wir können sicher sein, dass auch der alexandrinische Herrscher, der sich doch etwas auf seine hohe Abstammung vom thebanischen Helden zugute hielt, diese menschliche, allzu menschliche Darstellung mit einem Schmunzeln quittiert haben wird.

Mit diesem liebevoll neckischen Genrebild bietet sich zum Vergleich sein kallimacheisches Pendant im Artemis-Hymnos an, wo der Held seinen Bärenhunger an den Tag legt, obgleich die Himmlischen für ihn eine ambrosische Diät parat haben:

>   θεοὶ δ' ἐπὶ πάντες ἐκείνῳ
> ἄλληκτον γελόωσι, μάλιστα δὲ πενθερὴ αὐτή,
> ταῦρον ὅτ' ἐκ δίφροιο μάλα μέγαν ἢ ὅ γε χλούνην
> κάπρον ὀπισθιδίοιο φέροι ποδὸς ἀσπαίροντα·
> κερδαλέῳ μύθῳ σε, θεή, μάλα τῷδε πινύσκει·
> 'βάλλε κακοὺς ἐπὶ θῆρας, ἵνα θνητοί σε βοηθόν
> ὡς ἐμὲ κικλήσκωσιν. ἔα πρόκας ἠδὲ λαγωοὺς
> οὔρεα βόσκεσθαι· τί δέ κεν πρόκες ἠδὲ λαγωοί
> ῥέξειαν; σύες ἔργα, σύες φυτὰ λυμαίνονται.
> καὶ βόες ἀνθρώποισι κακὸν μέγα· βάλλ' ἐπὶ καὶ τούς.   (*h*. 3. 148–157)

(...) Die Götter lachen alle unaufhörlich über ihn [sc. Herakles], vorzüglich seine Schwiegermutter Hera, wenn er aus dem Wagen einen riesigen Stier und ein mit dem Hinterbein strampelndes Wildschwein heraushebt. Auf dich aber, Göttin, redet er meistens mit folgenden listigen Worten ein: ‚Schieß auf die schnöden Tiere, auf dass man auch dich wie mich eine göttliche Helferin heiße! Lass die Rehe und Hasen in Ruhe das Gras der Berge weiden! Was können Rehe und Hasen Böses tun?

---

[54] Vgl. Call. *h*. 3. 159–161.

Die Schweine, die Schweine sind's, die Feld und Saat umwühlen. Zudem sind die
Stiere ein großes Unheil für die Menschen. Erjage diese mit deinen Schüssen!'

Während bei Theokrit die ernste Szene eine burleske Abrundung zugewiesen bekommt, ist es bei Kallimachos umgekehrt: Er schiebt hinter den possenhaften Vordergrund eine ernste Kulisse, indem der gefräßige Amphitryoniades, der Artemis in Empfang nimmt, nicht nur auf seinen eigenen Abendschmaus bedacht ist, wenn er Artemis ins Gewissen redet, sie möge auch größere Tiere zur Strecke bringen, sondern ihr auch eine Art „Fürstenspiegel" vorhält (V. 153–157). Diese enkomiastische Lehre, die den König zu Großtaten ermahnt, begegnet in Pindars erster pythischer Ode (V. 85–94), wo Hieron zur Ausübung von herrscherlicher Großmut (*milte*) aufgefordert wird: εἴπερ τι φιλεῖς ἀκοὰν ἀδεῖαν αἰεὶ κλύειν, μὴ κάμνε λίαν δαπάναις· / ἐξίει δ' ὥσπερ κυβερνάτας ἀνήρ / ἱστίον ἀνεμόεν {πετάσαις}. μὴ δολωθῇς, ὦ φίλε, κέρδεσιν ἐντραπέλοις (V. 90–92): „Wenn du stets liebliche Worte vernehmen willst, sei nicht verlegen um den Aufwand: Setz die Segel wie ein Steuermann gegen den Wind, und lass dich nicht von kleindenkendem Gewinnstreben beirren!" Hierons Mäzenatentum dürfte Kallimachos an die ptolemäische Kulturpolitik erinnert haben. So ist es kein Wunder, wenn er sich an die sizilischen Herrscheroden anlehnt. Auch im Allgemeinen gilt es, dass der Alexandriner bei Pindar in die Schule gegangen ist in puncto, wie ein Dichter sich an die Mächtigen wenden sollte, ohne seine geistige Unabhängigkeit aufzugeben.[55]

Im Folgenden werden zwei längere Passagen aufs Tapet kommen, die schön illustrieren, welcher Nuancen die „höfische" Dichtung fähig war, wurde sie von so einem Meister gehandhabt wie Kallimachos. Das zentrale Thema des Hymnos an Delos (*h.* 4) ist die klassische Geschichte, in der Apolls Mutter, Leto, das Kind in ihrem Leibe, lange auf dem Archipel umherirrt wegen der Eifersucht Heras, bis sie auf Delos ein Refugium findet. Kallimachos flicht in diese althergebrachte Narration einen neuen, unkonventionellen Einschlagfaden ein: Die Insel Kos ist bereit, sich der Göttin anzunehmen, und Leto wäre schon mit Feuer und Flamme dabei. Doch der embryonale Apoll redet aus ihrem Leib dazwischen und erinnert daran, dass diese Insel jemand Anderem vorbehalten ist:

[...] μὴ σύ γε, μῆτερ,
τῇ με τέκοις. οὔτ' οὖν ἐπιμέμφομαι οὐδὲ μεγαίρω
νῆσον, ἐπεὶ λιπαρή τε καὶ εὔβοτος, εἴ νύ τις ἄλλη·
ἀλλά οἱ ἐκ Μοιρέων τις ὀφειλόμενος θεὸς ἄλλος
ἐστί, Σαωτήρων ὕπατον γένος· ᾧ ὑπὸ μίτρην
ἵξεται οὐκ ἀέκουσα Μακηδόνι κοιρανέεσθαι
ἀμφοτέρη μεσόγεια καὶ αἳ πελάγεσσι κάθηνται,
μέχρις ὅπου περάτη τε καὶ ὁππόθεν ὠκέες ἵπποι
Ἠέλιον φορέουσιν· ὁ δ' εἴσεται ἤθεα πατρός.
καί νύ ποτε ξυνός τις ἐλεύσεται ἄμμιν ἄεθλος

---

[55] Vgl. unten Kapitel 3.3.1.3.

ὕστερον, ὁππόταν οἱ μὲν ἐφ᾽ Ἑλλήνεσσι μάχαιραν
βαρβαρικὴν καὶ Κελτὸν ἀναστήσαντες Ἄρηα
ὀψίγονοι Τιτῆνες ἀφ᾽ ἑσπέρου ἐσχατόωντος
ῥώσωνται νιφάδεσσιν ἐοικότες ἢ ἰσάριθμοι
τείρεσιν, ἡνίκα πλεῖστα κατ᾽ ἠέρα βουκολέονται,
παιδ[   ]..σα[   ].[ ]
Δωρι.[.].[   ].οσα[ ]ς
καὶ πεδία Κρισσαῖα καὶ Ἡφαί[στο]ιο φάρ[αγγ]ες
ἀμφιπεριστείνωνται, ἴδωσι δὲ πίονα καπνόν
γείτονος αἰθομένοιο, καὶ οὐκέτι μοῦνον ἀκουῇ,
ἀλλ᾽ ἤδη παρὰ νηὸν ἀπαυγάζοιντο φάλαγγας
δυσμενέων, ἤδη δὲ παρὰ τριπόδεσσιν ἐμεῖο
φάσγανα καὶ ζωστῆρας ἀναιδέας ἐχθομένας τε
ἀσπίδας, αἳ Γαλάτῃσι κακὴν ὁδὸν ἄφρονι φύλῳ
στήσονται· τέων αἱ μὲν ἐμοὶ γέρας, αἱ δ᾽ ἐπὶ Νείλῳ
ἐν πυρὶ τοὺς φορέοντας ἀποπνεύσαντας ἰδοῦσαι
κείσονται βασιλῆος ἀέθλια πολλὰ καμόντος.
ἐσσόμενε Πτολεμαῖε, τά τοι μαντήια Φοίβου.

(Kall. *h.* 4. 162–188)

Nicht hier (auf der Insel Kos) sollst du mich, Mutter, zur Welt bringen! Ich kann nichts daran aussetzen und kein tadelndes Wort gegen sie einwenden, weil sie glänzend und fruchtbar ist, wie es nur sein kann. Ihr haben jedoch die Moiren eine andere Gottheit vorbestimmt, das erhabene Geschlecht der Retter (Soteres). Unter seine Krone[56] werden sich beide Mittelländer sowie die Inseln beugen, bis zum Ende der Welt und dorthin, woher die schnellen Rösser Helios befördern – nicht ungewillt, sich von dem Makedonen beherrschen zu lassen. Er aber wird die Gesinnung seines Vaters erkennen und erben. Dann wird aber unser beider eine gemeinsame Probe harren, wenn die spätgeborenen Titanen vom entferntesten Westen herbeistürmen, barbarische Waffen in der Hand und mit keltischem Krieg die Hellenen verheerend, Schneeflocken gleich oder Sternen an Zahl, wenn die meisten auf den Himmelsgefilden zu sehen sind (…), und die Ebene von Krisa (Delphi) sowie die Schlünde des Hephaistos werden beiderseits besetzt sein, und sie werden den Rauch des brennenden Nachbarn sehen, und nicht nur vom Hörensagen, sondern mit eigenen Augen werden sie schon die feindlichen Phalangen neben dem Heiligtum gewahren, auch schon die Schwerter in der Nähe meiner Dreifüße, die unverschämten Gürtel und verhassten Schilde, die der törichten Horde der Kelten einen unglücklichen Rückweg verschaffen werden. Ein Teil dieser Beute wird als Ehrengabe mir gehören, der andere wird am Nil mit ansehen, wie ihre Träger im Feuer verröcheln, und einen Siegespreis des viel duldenden Königs abgeben. Zukünftiger Ptolemaios, dies ist Apolls Prophezeiung für dich!

---

56 Hier wird derselbe Terminus (Mitra) benutzt wie bei Theokrit (*id.* 17. 19) für den Kopfschmuck Alexanders. Der Begriff ist deshalb sehr treffend, weil die griechischen Quellen dasselbe Wort für die Krone der ägyptischen Pharaonen verwenden.

Die Lebenssituation ist ungewöhnlich, beinahe grotesk, der Bauchredner Apoll erinnert an den aus dem Magen der Kuh sprechenden Daumesdick. Wir haben indes gesehen, dass Kallimachos eine ernste Botschaft in eine humoristische Form zu kleiden pflegt. Die Prophezeiung als Ausdrucksmittel kommt öfters in den Herrscherenkomien vor. Meistens geht es, wie auch hier, um eine *vaticinatio ex eventu*, d. h. eine Rückprojektion erfolgreich vollzogener Ereignisse in die Vergangenheit. Hier wird die Ankunft (*adventus*) des guten Königs geweissagt, was auf Ptolemaios II. Philadelphos geht, der auf Kos geboren worden ist. So wird eine der berühmtesten Passagen der herrscherenkomiastischen Dichtung der Alexandriner eingeleitet, in der die Macht und Tapferkeit des Sohns des Soter gepriesen wird – die letztere schon bei Platon eine der Kardinaltugenden (ἀνδρεία), spätestens ab dem Hellenismus königliche ἀρετή. Wir lernen die außerordentliche Größe seines Reichs kennen, wobei die Aufzählung der fernab liegenden topographischen Elemente, die als Landesgrenze dienen, ebenfalls zum Instrumentarium der Eulogik gehört. Die Erwähnung von zwei ‚Mittelländern' (V. 168: ἀμφοτέρη μεσόγεια) hat allerdings für Irritation gesorgt: Laut der einen Meinung handle es sich hierbei um die herkömmliche Gegenüberstellung von Europa und Asien, laut der anderen würden auch hier die aktuellen historischen Umstände hineinspielen, wonach an die beiden Machtsphären der Ptolemäer, Unten- und Oberägypten, zu denken sei. Wiederum toposartig ist das Motiv der Ähnlichkeit des Sohnes mit dem Vater.

Die zweite Komponente des Lobpreises ist die Tapferkeit von Ptolemaios in kriegerischen Auseinandersetzungen. Zum historischen Hintergrund der Allusionen sollte man wissen, dass die vom Nordwesten kommenden Keltenhorden auf ihrem Streifzug bis nach Delphi vorgedrungen sind, wo sie versucht hatten, das Heiligtum zu erstürmen (278 v. Chr.). Einige Jahre später, 274 v. Chr., bedrohten sie schon Ägypten, wurden aber von Ptolemaios Philadelphos besiegt, und eine Schar von ihnen wurde als Söldner angeheuert. Diese lehnten sich jedoch gegen ihren neuen Herrn auf, woraufhin Ptolemaios die Meuterer im Nildelta auf einer Schwemminsel umzingelte, das Rohrdickicht anzündete und das ganze Kontingent im Feuer umkommen ließ.[57] Darauf deutet die Erwähnung der Flammen in den letzten Versen des Zitats hin. Vergleicht man die historischen Daten mit der literarischen Darstellung, so fällt auf, dass Kallimachos die Chronologie manipuliert hat, wird doch Ptolemaios, der sich den Kelten erst später stellte, zum Mitstreiter Apolls erhoben (V. 171: ξυνός τις ἐλεύσεται ἄμμιν ἄεθλος), obwohl der alexandrinische Herrscher mit den delphischen Geschehnissen *de facto* nichts zu tun hat. Infolge dieser chronologischen Manipulation wird aus einem syntagmatischen Verhältnis (nacheinander) ein paradigmatisches (nebeneinander), was eine zentrale ideologische Botschaft vermittelt: Der Kampf des Gottes legitimiert den des Herrschers, der Sieg des Ptolemaios aber wird zum Reflex der Überlegenheit des

---

[57] Die Quelle der historischen Ereignisse sind die Scholien zum Hymnentext (Pfeiffer 1953 II, S. 71 f. ad 175–187).

Gottes seinen Feinden gegenüber. Es ist vielleicht von Bedeutung, dass der Name ‚Ptolemaios' mit dem Substantiv π(τ)όλεμος (‚Krieg') zusammenhängt. Diese Etymologie lässt den Herrscher als zum Sieg prädestiniert erscheinen. Durch den Kampf gegen die Mächte der Zersetzung kommt die harmonische Gleichstellung der himmlischen und irdischen Oberherrschaft (Apoll ~ Ptolemaios) zustande.[58] In den Hymnen des Kallimachos dient nicht nur der Götterkönig Zeus als transzendentales Paradigma, sondern auch Apoll. Im Delos-Hymnos ist es Apoll selbst, der den König als seinen gleichberechtigten Mitkämpfer betrachtet und dadurch seine Herrschaft sanktioniert. Auf diese Weise scheint der Herrscher nicht in einen alltäglichen Kampf mit gewöhnlichen Feinden verstrickt zu sein, sondern er geriert sich als der Bezwinger der chaotisch-zerstörerischen Elemente, der einen kosmischen Weltfrieden herbeizuführen vermag.

Der hyperbolischen Darstellung des guten Königs entspricht das ins Diabolische übersteigerte Bild des Feindes. Dabei fällt der Ausdruck ζωστῆρας ἀναιδέας (V. 183) besonders ins Auge. Durch eine Enallage (Attributvertauschung) wird dem Ausrüstungszubehör eine Eigenschaft von dessen Trägern (ἀναιδέας ~ ‚unverschämt' = Kelten) zugeschrieben. Der Gürtel kommt am Anfang des 3. Jhd.s im ägyptischen Kontext im sog. ‚Töpfer-Orakel' vor. Hier dient er als symbolhaftes Wahrzeichen der Achaier (archaisierende Bezeichnung der Griechen), die die Feinde der autochthonen Einwohner sind. Es geht also nicht darum, wer der Feind ist, sondern wer die stereotypische Rolle des Feindes spielt. Im Delos-Hymnos sind die Kelten die verwegen-frevelhaften Eindringlinge, während Ptolemaios als deren Bezwinger gepriesen wird. Dieses politisch-ideologisch verbrämte Bild des guten und tapferen Herrschers bekommt seine Weihe dadurch, dass es dem untrüglichen Gott Apoll in den Mund gelegt wird.

Etwa dreißig Jahre später, 246 v. Chr., bestieg Ptolemaios III. Euergetes, Sohn des Philadelphos, den Thron. Dasselbe Jahr hat auch noch gleich zwei wichtige Ereignisse mit sich gebracht: die Hochzeit des Herrschers mit Berenike II. und seine Teilnahme am dritten Seleukidenkrieg. Dies hat dazu geführt, dass der neuvermählte Ehemann seine Frau gleich nach der Hochzeit verlassen musste, um seinen Pflichten als Heerführer nachzukommen. Berenike II. aus Kyrene hat damals ein feierliches Gelübde geleistet, dass sie, sollte ihr Gatte wohlbehalten nach Hause kehren, ihrer dynastischen Mutter, der im Heiligtum auf der Kanopos-Halbinsel als Aphrodite Zephyritis verehrten Arsinoe II. Philadelphos, eine Locke darbringen würde. Ptolemaios war zurückgekehrt, die Weihe der Locke vollzogen worden, woraufhin Konon von Samos das Ebenbild der Locke am Himmel in der Nähe des Kranzes der Ariadne entdeckte. Diese hübsche Verstirnungsgeschichte (Katasterismos) ist nun der Ausgangspunkt und Hintergrund des wohl bekanntesten Gedichts des Kallimachos, der *Locke der Berenike* (auch lat. *Coma* oder gr. *Ploka-*

---

[58] Zum Topos der Analogie ‚Gott ~ König' vgl. Adorjáni 2018 (mit weitem Ausblick).

mos genannt),⁵⁹ das der Dichter als Schlusselegie an das vierte und letzte Buch seiner *Aitia* gesetzt hat. Dadurch hat er dem ganzen Werk eine zeitpolitische Abrundung gegeben.

Der größte Reiz des Gedichts besteht darin, dass die Geschichte aus der Sicht der Locke (daher der Titel) erzählt wird. Das bedeutet unterm Strich, dass sich die Elegie durch die Merkmale des Votivepigramms anreichert (Gattungskreuzung, πολυείδεια auch hier). Der Ton ist romantisch, beinahe intim, denn wenngleich das Wort für die Locke im Griechischen männlich (πλόκαμος) ist, bringt der Haarringel als ehemaliger Bestandteil seiner Herrin eine weibliche Perspektive in seinen Monolog ein.⁶⁰ So berichtet er mit viel Zärtlichkeit und Nostalgie, dass er und seine Herrin schon einmal bessere Tage gesehen hätten, bevor der grauenhafte Krieg die Eheleute getrennt habe, was auch die Trennung der Locke von ihrer Herrin herbeiführte. Die Locke lässt also in ihrer Rede den Gesichtspunkt des Individuums zur Geltung kommen, das den Krieg der Zerrüttung der menschlich-familiären Beziehungen bezichtigt.

Schauen wir uns nun den Passus der *Coma Berenices*, der mit vielen Emotionen die Geschichte des Abschneidens erzählt, näher an:

> βουπόρος Ἀρσινόης μητρὸς σέο, καὶ διὰ μέ[σσου
>   Μηδείων ὀλοαὶ νῆες ἔβησαν Ἄθω.
> τί πλόκαμοι ῥέξωμεν, ὅτ᾽ οὔρεα τοῖα σιδή[ρῳ
>   εἴκουσιν; Χαλύβων ὡς ἀπόλοιτο γένος,
> γειόθεν ἀντέλλοντα, κακὸν φυτόν, οἵ μιν ἔφηναν
>   πρῶτοι καὶ τυπίδων ἔφρασαν ἐργασίην.
> ἄρτι [ν]εότμητόν με κόμαι ποθέεσκον ἀδε[λφεαί,
>   καί πρόκατε γνωτὸς Μέμνονος Αἰθίοπος
> ἵετο κυκλώσας βαλιὰ πτερὰ θῆλυς ἀήτης,
>   ἵππο[ς] ἰοζώνου Λοκρικὸς Ἀρσινόης,
> .[.]ασε δὲ πνοιῇ με, δι᾽ ἠέρα δ᾽ ὑγρὸν ἐνείκας
>   Κύπρ]ιδος εἰς κόλπους   ἔθηκε
> αὐτή μιν Ζεφυρῖτις ἐπὶ χρέο[ς
>   ....Κ]ανωπίτου ναιέτις α[ἰγιαλοῦ.
> ὄφρα δὲ] μὴ νύμφης Μινωίδος ο[
>   ....]ος ἀνθρώποις μοῦνον ἐπι.[
> φάεσ]ιν ἐν πολέεσσιν ἀρίθμιος ἀλλ[ὰ γένωμαι
>   καὶ Βερ]ενίκειος καλὸς ἐγὼ πλόκαμ[ος,
> ὕδασι] λουόμενόν με παρ᾽ ἀθα[νάτους ἀνιόντα
>   Κύπρι]ς ἐν ἀρχαίοις ἄστρον [ἔθηκε νέον.
>   ...]

---

⁵⁹ Zum Ruhm der Elegie hat nicht unerheblich Catulls meisterhafte Übersetzung beigetragen, um von Alexander Popes Rokoko-Nachdichtung und Parodie nicht zu reden (*The Rape of the Lock*, 1712).

⁶⁰ Vgl. Harder 2012 II, S. 805 ad 7 f.

>   ...]
> οὐ τάδε μοι τοσσήνδε φέρει χάριν ὅσ[σο]ν ἐκείνης
> ἀ]σχάλλω κορυφῆς οὐκέτι θιξόμεν[ος,
> ἧς ἄπο, παρ[θ]ενίη μὲν ὅτ' ἦν ἔτι, πολλὰ πέπωκα
> λιτά, γυναικείων δ' οὐκ ἀπέλαυσα μύρων.
>
> (Kall. *Ait. fr.* 110. 45–64; 75–78)

Nicht einmal der Obelisk deiner (Berenike II.) Mutter (Arsinoe II.) (konnte Widerstand leisten), und die Verderben bringenden Schiffe der Meder sind mitten durch den Athos gesegelt. Was können wir Haarlocken dagegen ausrichten, wenn solche Berge dem Stahl weichen müssen? Möge das Geschlecht der Chalyben untergehen, die das Eisen, dieses schlimme Gewächs, aus der Erde ans Licht hoben und die Arbeit mit dem Schmiedehammer gelehrt haben. Mich, die ich unlängst abgeschnitten wurde, haben meine Geschwister betrauert und zurückgesehnt, wobei Zephyros, der Bruder des Äthiopen Memnon, zu mir eilte, die fruchtbar-weibliche Brise mit grauem Kräuselgefieder, das lokrische Ross der schöngegürteten Arsinoe: Dieser Wind beförderte mich mit seinem Hauch, und durch die nassen Lüfte trug er mich zum Schoße der Kypris. Es war nun (Kypris) Zephyritis selbst, die den Wind zu diesem Behufe sandte, die Bewohnerin der kanopitischen Küste. Auf dass nicht nur der Kranz der Minos-Tochter Ariadne den Menschen in Zahlenharmonie unter den vielen Sternen leuchte, sondern auch ich zur schönen Locke der Berenike werden möge, hat mich Kypris als neuen Stern unter die Alten gesetzt, der ich im Meerwasser badend zu den Unsterblichen emporsteige. (…) Trotzdem bereitet mir das nicht so viel Freude, wie ich darüber betrübt bin, dass ich das Haupt meiner Herrin nicht mehr berühren kann, von dem ich, als sie noch eine Jungfrau war, viel einfaches Öl getrunken, jedoch, als sie eine Frau geworden, keinen Anteil mehr an den Myrrhen gehabt habe.

Der Text ist am Anfang verstümmelt. So viel ist aber erkennbar, dass die Locke ihr Schicksal mit zwei Präzedenzfällen in Parallele setzt, einem zeitgenössisch-aktuellen aus dem Bereich des Ptolemäerhauses und einem aus der Zeit der Perserkriege. Arsinoes Obelisk war die posthume Gabe des Gatten an die Gattin nach deren Tod (270 v. Chr.). Das Denkmal stand im Arsinoeion, einem Tempel in Alexandrias Hafen und war das Symbol der ehelichen Liebe. Der durchgebohrte Athos steht als Emblem der Perserkriege und bezeugt das Ungestüm der aggressiven Expansionspolitik. Beide Male können Berge als Elementarschöpfungen der Natur weder dem Drang der Liebe noch dem der Habgier widerstehen. So schließt die Locke *a fortiori* auf die Zwecklosigkeit ihres eigenen Widerstandes: Was kann das schwache Individuum gegen kosmische Umwälzungen ausrichten? Wenn die Paradigmen auf einen gemeinsamen und vom Gesichtspunkt der Locke aus relevanten Punkt reduziert werden, dann ist dieser der Stahl, der zwar aus verschiedenen Gründen, aber zu ähnlich destruktiven Zwecken eingesetzt wird. Ihm entspricht auf der Seite der Locke das Eisen der Schere, die mit der Macht des Kriegs korreliert: Die Schere trennt die Haare vom Kopf, der Krieg die Ehepaare. Dieses Ohnmachtsgefühl begründet den Zornesausbruch der Locke, der in einer wahren *detestatio belli* kulminiert. Darauf folgt die Narration, in der der Weg der Locke über das kanopitische Heiligtum bis zum Sternenhimmel nachvollzogen wird. Der Unbill des Krieges steht die Macht der Liebe, symbolisiert durch Aphrodite, die göttliche Hypostase der Arsinoe, gegenüber. Nach einem längeren verlorenen Passus endet das Fragment mit einem nicht weniger subjektiv gefärbten Geständnis der Locke, in dem sie ihr Leben vor und nach der Hochzeit beschreibt und gegeneinander abwägt.[61]

Die Betrachtung der beiden Texte als *companion pieces* – was merkwürdigerweise bisher noch nicht geschehen ist, obwohl beide Partien an und für sich zu den meistdiskutierten gehören – hat klar dargelegt, dass ein und dasselbe Phänomen, hier der für die ptolemäische Ideologie wichtige ‚Krieg', je nach Gelegenheit und Ausdrucksintention, verschiedene Darstellungsformen erfahren konnte. Diese abweichende Perspektivierung ist eng damit verbunden, dass die ‚Stimme' der beiden Passagen nicht dieselbe ist (Apoll vs. Locke). Somit schafft Kallimachos auf eine ihm eigene Weise ironische Distanz zu seinem Gegenstand und spielt mit schillernden Attitüden und Sprachformen. Der Herrscher dürfte dieses Spiel goutiert haben, sonst hätte es der Dichter in seinen höfischen Gedichten nicht praktiziert.

Selbstverständlich war es durchaus möglich, dass der Herrscher wegen eines unverfrorenen Missbrauchs der Freiheitsrechte in Harnisch gebracht wurde – wenn auch selten, denn die Grenzen der Freiheit fielen mit denen des guten Geschmacks zusammen. Ein berühmtes negatives Beispiel dürfte Sotades gewesen sein, dessen Schmähsucht ihm zum Verhängnis wurde: Er soll Ptolemaios II. Philadelphos wegen seiner Geschwisterehe so heftig die Leviten gelesen haben, wobei er unverblümt auf den Geschlechtsverkehr hinwies (*fr.* 1 CA), dass er in einer Bleikiste ins Meer versenkt wurde. Es ist aber charakteristisch für die großzügige Hofetikette, dass Kallimachos auf die Sotades-Affäre nonchalant hindeuten durfte, und zwar so, dass bei einer Erwähnung des vorehelichen Liebesverhältnisses von Hera und Zeus (*hieros gamos*) die Erzählung abgebrochen wird (*Ait. fr.* 75. 4 f.), da solche Themen ein Messer in der Hand eines Kindes seien.[62] Durch die Abbruchsformel wird jedoch das brisante Thema eher hervorgehoben.

Woher diese große Natürlichkeit, mit der der Dichter zum Herrscher spricht? Wir treffen wohl an der Wahrheit nicht weit vorbei, wenn wir darin eine Folge der Evolutionstendenzen der griechischen Literaturgeschichte dingfest machen. Die Beschäftigung mit dem Ideal des guten Königs erscheint zuerst in den allegorischen Interpretationen der homerischen *Ilias*.[63] Die Ursache dafür ist in der Literaturauffassung der philosophischen Schulen zu suchen. Während nämlich die Epi-

---

[61] Vgl. Herter 1975.
[62] Das plötzliche Verstummen nennt man *aposiopesis* (σιωπή ~ ‚Schweigen'), die abgebrochene Satzstruktur, die daraus resultiert, *anakoluthon* (‚Nicht-übereinstimmend'). Vgl. unten (3.3.2).
[63] Klooster–van den Berg 2018.

kureer auf die Fähigkeit der Dichtung, Freude zu stiften, abhoben, haben die Stoiker die in der Literatur enthaltene, moralisch-intellektuelle Lehre akzentuiert.[64] Bestand nun ein scheinbarer Widerspruch zwischen Form und Wahrheitsgehalt, dann versuchten sie, die Ehre der Dichtung zu retten, indem sie eine allegorische Interpretation vorschlugen. So ist Homer auf einer bestimmten Traditionslinie zum Träger einer politischen Paränese geworden, als ob sein Ziel die Darstellung des guten Königs gewesen wäre. Kürzlich plädierte Harder dafür, dass der kallimacheische Demeter-Hymnos vermittels mehrerer Anspielungen auf zwei *Ilias*-Episoden (der Kampf des Achilleus mit dem Fluss Skamandros im 21., Antilochos' Verhalten bei den Leichenspielen des Patroklos im 23. Gesang) den jeweiligen Herrscher in die Pflicht nimmt und dem Ideal eines konziliant-friedfertigen Herrschertums das Wort redet.[65] Diese Lesart hat Homers Text in der enkomiastischen Tradition verortet und im Dichter den Wegbereiter der mittelalterlichen Gattung ‚Fürstenspiegel' gesehen.[66] Diese Auffassung ist aber wohlgemerkt nur die retrospektive der Nachwelt, ohne etwas darüber auszusagen, wie Homer von seinen Zeitgenossen rezipiert wurde. Aus dem allen folgt nun, dass die Alexandriner, als sie sich Homer zum Muster nahmen, einer Tradition folgten, die als besonders alt und prestigeträchtig galt.

---

[64] Einer ihrer Hauptrepräsentanten war Krates von Mallos aus der pergamenischen Schule. Als Mitglied der Philosophengesandtschaft ging er nach Rom, wo er – laut einer Anekdote – sich das Bein brach, was ihn zur Verlängerung der römischen Ferien zwang. Die Zeit nutzte er zum Lehren, was ihm viele Adepten einbrachte. Zum Gegensatz der literarästhetischen Lehre der Stoa bzw. des Epikureismus vgl. oben S. 21 Anm. 38.
[65] Harder 2019.
[66] Der Begriff wird gemeinhin auf Gottfried von Viterbo zurückgeführt. Für die Wurzeln der Gattung in der Antike vgl. Hadot 1972; Schulte 2001.

3 Fallstudien

3.1 Theokrit und Ptolemaios

Nach einer heute fast allseitig akzeptierten Forschungsmeinung war Theokrit der Älteste in der Reihe der hellenistischen Dichter, gefolgt von Kallimachos, dann Apollonios von Rhodos.[67] Von diesen dreien war Theokrit am lockersten dem Museion verbunden: Er gehörte nicht in die Reihe der alexandrinischen Philologen, und sein Lebenszentrum war auch nicht die ägyptische Hauptstadt. Darüber hinaus ist er vielleicht jene Dichterpersönlichkeit, die am wenigsten philologisch geprägt war: Seine Inspiration scheint viel unmittelbarer zu sein und er selbst nicht so sehr durch eine strenge wissenschaftliche Schulung gegangen. Trotzdem gilt er als eine emblematische Gestalt der hellenistischen Literatur, ein Dichter, dem es gelungen ist, aus den ältesten Traditionen der griechischen Poesie eine neue Gattung zu schaffen. Diese wurde später *eidyllion*, wohl ‚kleine Form', genannt. Als ‚Idylle' hat sie sich im Deutschen (und ähnlich in allen europäischen Sprachen) eingebürgert. Theokrit ist nicht nur Schöpfer, sondern auch Höhepunkt der Hirtendichtung: Seine Gedichte sind zartbesaitete und polyphone Werke, die durch ihre anspruchsvolle Ästhetik das Gütesiegel ‚hellenistisch' erworben und ein bemerkenswertes Nachleben (angefangen mit den *Eklogen* Vergils) hervorgebracht haben.

Allen Idyllen ist gemeinsam, dass ihnen das Gefühl einer gewissen Naturnähe innewohnt – im charakteristischen Widerstreit mit dem urbanen Interesse der anderen Hälfte der hellenistischen Literatur. Einige Theokrit-Gedichte weichen spektakulär von diesem Paradigma ab – man könnte sogar bestreiten, ob sie überhaupt noch Idyllen genannt werden dürfen –, indem sie das Getriebe der Großstadt und den ptolemäischen Hof ins Visier fassen. Im Folgenden wird unser Augenmerk dieser etwas vernachlässigten Thematik gelten, entsprechend dem Schwerpunkt dieses Buches im Bereich des Höfischen.

Die vier Idyllen 15–18 bilden einen eigenen Zyklus im Gesamtwerk.[68] In der 14. wird Ptolemaios zuerst eingeführt, in dessen Dienst zu stehen dem enttäuschten Liebhaber als eine vielversprechende Alternative winkt.[69] Die 15. hat ein mar-

---

[67] Siehe Köhnken 1965.
[68] Ähnlich in Zahl und Struktur sind die vier ‚lyrischen' Gedichte des Kallimachos (*fr.* 226–229), die auf die Iamben folgen. Vgl. das Kapitel über die *Ektheosis Arsinoes* (3.3.3).
[69] Ptolemaios II. erscheint (in der Narration des Sprechers) mit den Attributen von vier Kardinaltugenden ausgestattet: Klugheit (εὐγνώμων), musische Begabung (φιλόμουσος), Erfahrenheit in Sachen der Liebe (ἐρωτικός), jeder Zoll ein *gentleman* (εἰς ἄκρον ἁδύς) (14. 61).

kant urbanes Thema zum Gegenstand: Syrakusanerinnen putzen sich zum Adonis-Fest.[70] Die Schilderung der Feierlichkeiten hat eine metapoetische Seite: Eine Virtuosin aus Argos gibt ihre Kunst zum Besten, indem sie einen Hymnos zu Ehren des Adonis zu Gehör bringt (V. 96–99).[71] Dies ermöglicht die Einführung der höfischen Sphäre: Während die Sängerin den sterbend-auferstehenden Gott preist, verleiht Arsinoe II. ihrer liebevollen Dankbarkeit für Aphrodite (τὶν δὲ χαριζομένα) und ihren Sohn (ἀτιτάλλει Ἄδωνιν) Ausdruck, wobei sie auch den Dank ihrer Mutter gegenüber äußert, Berenike I., die von Aphrodite unsterblich gemacht wurde. Die Kette erotischer Beziehungen ist ein Wahrzeichen der ptolemäischen Dynastie.[72] Mithin bedeutet das Partizip χαριζομένα nicht nur die vielen Geschenke, mit denen die Göttin überhäuft wird, sondern auch, dass Arsinoe als Personifikation der Charis ('Liebe') in Erscheinung tritt:[73]

> Κύπρι Διωναία, τὺ μὲν ἀθανάταν ἀπὸ θνατᾶς,
> ἀνθρώπων ὡς μῦθος, ἐποίησας Βερενίκαν,
> ἀμβροσίαν ἐς στῆθος ἀποστάξασα γυναικός·
> τὶν δὲ χαριζομένα, πολυώνυμε καὶ πολύναε,
> ἁ Βερενικεία θυγάτηρ Ἑλένᾳ εἰκυῖα
> Ἀρσινόα πάντεσσι καλοῖς ἀτιτάλλει Ἄδωνιν.

(*id.* 15. 106–111)

> Kyprische Aphrodite, Tochter Diones, du hast die sterbliche Berenike, wie die Menschen berichten, unsterblich gemacht, indem du Ambrosia in ihre Brust geträufelt hast. Aus Liebe zu dir, du Vielnamige und Tempelreiche, verwöhnt Berenikes Tochter, die Helena vergleichbare Arsinoe, mit mannigfachen schönen Gaben den Adonis.

Vermittels der Stimme der argeischen Sängerin wird die Vergöttlichung (Apotheose) einer wichtigen Repräsentantin der ptolemäischen Herrscherfamilie mythisch verbrämt: Theokrit erweckt durch die Rahmenhandlung den Eindruck, dass die Erhebung einer Sterblichen in die unsterbliche Daseinsform (ἀθανάταν ἀπὸ θνατᾶς) auf eine göttliche Fügung zurückzuführen ist. Der ontologische Statuswechsel wird über sehr starke und anschauliche Sinnesreize wiedergegeben: Die Tropfen

---

[70] Das Thema erscheint auch bei dem von Platon hochgeschätzten Sophron von Syrakus (Ταὶ θάμεναι τὰ Ἴσθμια: ‚Frauen auf den isthmischen Spielen').
[71] Dies ist ein echtes Vortragsszenario für Gelegenheitsgedichte im Hellenismus, woraus vielleicht auch auf den ‚Sitz im Leben' der kallimacheischen Hymnen geschlossen werden kann (siehe 3.3.1).
[72] Vgl. unten das Epigramm-Kapitel (3.2).
[73] Vgl. Kall. *ep.* 51 (Berenike II., dynastische Tochter von Arsinoe II., als vierte Charis). Es ist bekannt, dass sich Arsinoe II. spätestens nach ihrem Tod als Aphrodite Zephyritis im Heiligtum auf der Halbinsel Kanopos kultischer Verehrung erfreute. Siehe dazu auch die Kapitel 3.2 und 3.3.3.

der ambrosischen „Infusion" (ἀμβροσίαν ἐς στῆθος ἀποστάξασα) sprechen sowohl taktile als auch olfaktorische Warnehmungen an, wodurch homerische Allusionen wachgerufen werden auf die Szene, wo Athene Nektar in die Brust des Achilles träufelt (*Il.* 19. 352–354). Andere haben für die Schilderung eine ägyptisierende Lesart vorgeschlagen, wonach in einer griechisch-ägyptischen Doppelperspektive die autochthone Einbalsamierungspraxis mit abgebildet wäre.[74] Wie dem auch sei, Theokrits Passus machte Furore, sodass eine ähnliche Vorstellung bei Kallimachos und bei einem späteren Epigramm-Dichter begegnet.[75]

Im letzten Distichon stehen vier Namen als symmetrische Eckpfeiler am Anfang und am Ende der beiden Verse: Berenikes Tochter ~ Helena ~ Arsinoe (= Berenikes Tochter) ~ Adonis. Die Parellele der Königin mit der mythischen Helena ist ein Topos in der Literatur der Zeit. In der *Ektheosis Arsinoes* des Kallimachos (*fr.* 228, s. unten) wird die Entrückung Arsinoes II. mit den Dioskuren verknüpft, was die Königin mit Helena, der Schwester der mythischen Gebrüder, assoziiert. Auch die Biographien Helenas und Arsinoes weisen Gemeinsamkeiten auf: Alle drei waren τρίγαμοι, d. h., sie haben sich durch drei Heiraten ausgezeichnet (Helena: Theseus, Menelaos, Paris; Arsinoe: Lysimachos, Ptolemaios Keraunos, Ptolemaios II. Philadelphos).[76]

Verschachtelt zwischen ‚Arsinoe' und ‚Adonis' steht der sehr assoziationsreiche und schwer festzulegende Ausdruck πάντεσσι καλοῖς ἀτιτάλλει da. Das καλοῖς umfasst ein breites Spektrum an Gutem: Es bezieht sich konkret auf die Bewirtung des Gottes und übertragen auf alle Schönheiten, die das Fest zu bieten hat und in deren Schilderung sich die folgende Passage ergeht (V. 112–125). Das Verb ἀτιτάλλειν, das zum poetischen Wortschatz des Epos gehört, wird in der Regel im Zusammenhang mit Kindern, vor allem Mädchen, verwendet, was die empfindlich-weibliche Perspektive bestärkt.

Schließlich ist noch eine Anspielung zu beachten: In Hesiods *Theogonie* tritt Phaethon, Sohn der Eos und des Kephalos, auf, der von Aphrodite entführt und zu

---

[74] Stephens 2003, S. 153 f. und kürzlich Acosta-Hughes 2021, S. 31.
[75] In der ersten Episode des ersten Buchs der *Aitien* (*fr.* 7. 11–14) triefen die Hände der parischen Chariten von Öl, das die Göttinnen in die Elegien des Kallimachos reiben (V. 13: ἐνιψήσασθε), was einen starken metapoetischen Gehalt vermittelt: die Unsterblichkeit der Dichtung. Die Berufungsgeschichte eines Arztes wird bei Krinagoras auf eine vergleichbare Weise formuliert (*AG* 16. 273. 1–3: Αὐτός σοι Φοίβοιο πάις λαθικηδέα τέχνης / ἰδμοσύνην, πανάκῃ χεῖρα λιπηνάμενος, / Πρηξαγόρη, στέρνοις ἐνεμάξατο: „Der Sohn des Phoibos selbst [Asklepios] hat dir die kummervertreibende Wissenschaft mit seinen von Panacea triefenden Händen in die Brust hineinmassiert"). Für die Substanz und Symbolik des Allheilmittels (Panacea) vgl. unten Kapitel 3.3.1.2.
[76] Zu den kulturellen Assoziationen, die in der Helena-Figur mitschwingen, vgl. Basta Donzelli 1984.

ihrem Tempeldiener erhoben wurde (V. 988–991).⁷⁷ Wie Phaethon zu einem Günstling der Göttin wird, so nimmt sich Arsinoe-Kypris des jungen Adonis an, und was bei Hesiod νηοπόλος μύχιος (V. 991) über Phaethon heißt, ist bei Theokrit der Vokativ πολύναε in Bezug auf Adonis. Sogar die etymologisch nicht verwandten Wortbestandteile (πολ-) klingen zusammen (Paronomasie) in einer chiastisch (ABBA) geformten Entsprechung. Das Verb ἀτιτάλλει erinnert ganz eindeutig an Phaethons Attribut ἀταλὰ φρονέοντα (V. 989).

So wird dieses durchaus gegenwärtige Adonis-Fest in Alexandria unter Arsinoes Ägide mithilfe der poetischen Darstellung Teil der mythischen und literarischen Vergangenheit. Die Teilnehmerinnen, aus deren Blickwinkel das Ereignis geschildert wird, sind Syrakusanerinnen. Dies scheint nicht unwichtig zu sein: Das ganze Gedicht ist durchdrungen von einem Gefühl schaulustigen und wichtigtuerischen Großstädtertums, dem auch ein Quäntchen Bewunderung für die urbane Kultur zugrunde liegen könnte. Laut der anekdotischen Überlieferung stammte auch Theokrit aus der sizilianischen Metropole und versuchte zuerst hier, die Gunst Hierons II. für sich zu gewinnen. Das Dokument dieses Werbens sollte die Idylle 16 (*Hieron oder die Chariten*) sein, in der der erfolglose Bittgang der barfüßigen Chariten, der Gedichte Theokrits, beschrieben wird.⁷⁸ Diese versuchen, sich des Wohlwollens der Reichen, d. h. deren materieller Unterstützung à la Simonides, zu versichern, kehren aber unverrichteter Dinge und niedergeschlagen nach Hause zurück, geben jedoch die Hoffnung nicht endgültig auf, einmal den richtigen Mann zu treffen, der des Lobpreises würdig ist und die dichterische Dienstleistung auch angemessen belohnen kann:⁷⁹

> ἔσσεται οὗτος ἀνὴρ ὃς ἐμεῦ κεχρήσετ' ἀοιδοῦ,
> ῥέξας ἢ Ἀχιλεὺς ὅσσον μέγας ἢ βαρὺς Αἴας
> ἐν πεδίῳ Σιμόεντος, ὅθι Φρυγὸς ἠρίον Ἴλου.
> ἤδη νῦν Φοίνικες ὑπ' ἠελίῳ δύνοντι
> οἰκεῦντες Λιβύας ἄκρον σφυρὸν ἐρρίγασιν·
> ἤδη βαστάζουσι Συρακόσιοι μέσα δοῦρα,
> ἀχθόμενοι σακέεσσι βραχίονας ἰτεΐνοισιν·
> ἐν δ' αὐτοῖς Ἱέρων προτέροις ἴσος ἡρώεσσι
> ζώννυται, ἵππειαι δὲ κόρυν σκιάουσιν ἔθειραι.
> αἲ γάρ, Ζεῦ κύδιστε πάτερ καὶ πότνι' Ἀθάνα

---

⁷⁷ Zum weiteren Einfluss der Passage auf Apollonios Rhodios vgl. das Kapitel 3.4. Bei Theokrit findet sich ein zweiter, sehr ähnlicher Passus über Berenikes göttliche Erhebung (*id.* 17. 48–52; s. gleich unten).

⁷⁸ Aus diesem Grund rechnet Merkelbach 1952 die Idylle zum althergebrachten Typus der Bettelgedichte.

⁷⁹ Gutzwiller 1983 interpretiert das Gedicht auf dieser apologetischen Linie und erblickt darin den Archetyp römischer Rekusationsgedichte (der Dichter weigert sich, eine Leistung, die ihm zugemutet wird, zu erbringen, entspricht jedoch der Erwartung auf eine unerwartete, ihm eigene Weise).

κούρη θ' ἣ σὺν μητρὶ πολυκλήρων Ἐφυραίων
εἴληχας μέγα ἄστυ παρ' ὕδασι Λυσιμελείας,
ἐχθροὺς ἐκ νάσοιο κακαὶ πέμψειαν ἀνάγκαι
Σαρδόνιον κατὰ κῦμα φίλων μόρον ἀγγέλλοντας
τέκνοις ἠδ' ἀλόχοισιν, ἀριθμητοὺς ἀπὸ πολλῶν.
ἄστεα δὲ προτέροισι πάλιν ναίοιτο πολίταις,
δυσμενέων ὅσα χεῖρες ἐλωβήσαντο κατ' ἄκρας·
ἀγροὺς δ' ἐργάζοιντο τεθαλότας· αἱ δ' ἀνάριθμοι
μήλων χιλιάδες βοτάνᾳ διαπιανθεῖσαι
ἂμ πεδίον βληχῷντο, βόες δ' ἀγεληδὸν ἐς αὖλιν
ἐρχόμεναι σκνιφαῖον ἐπισπεύδοιεν ὁδίταν·
νειοὶ δ' ἐκπονέοιντο ποτὶ σπόρον, ἁνίκα τέττιξ
ποιμένας ἐνδίους πεφυλαγμένος ὑψόθι δένδρων
ἀχεῖ ἐν ἀκρεμόνεσσιν· ἀράχνια δ' εἰς ὅπλ' ἀράχναι
λεπτὰ διαστήσαιντο, βοᾶς δ' ἔτι μηδ' ὄνομ' εἴη.
ὑψηλὸν δ' Ἱέρωνι κλέος φορέοιεν ἀοιδοὶ
καὶ πόντου Σκυθικοῖο πέραν καὶ ὅθι πλατὺ τεῖχος
ἀσφάλτῳ δήσασα Σεμίραμις ἐμβασίλευεν.
εἷς μὲν ἐγώ, πολλοὺς δὲ Διὸς φιλέοντι καὶ ἄλλους
θυγατέρες, τοῖς πᾶσι μέλοι Σικελὴν Ἀρέθοισαν
ὑμνεῖν σὺν λαοῖσι καὶ αἰχμητὴν Ἱέρωνα.
ὦ Ἐτεόκλειοι Χάριτες θεαί, ὦ Μινύειον
Ὀρχομενὸν φιλέοισαι ἀπεχθόμενόν ποτε Θήβαις,
ἄκλητος μὲν ἔγωγε μένοιμί κεν, ἐς δὲ καλεύντων
θαρσήσας Μοίσαισι σὺν ἀμετέραισιν ἴοιμ' ἄν.
καλλείψω δ' οὐδ' ὔμμε· τί γὰρ Χαρίτων ἀγαπητὸν
ἀνθρώποις ἀπάνευθεν; ἀεὶ Χαρίτεσσιν ἅμ' εἴην.

(*id*. 16. 73–109)

Es wird noch jenen Mann geben, der mich als Dichter benötigen wird, nachdem er solche Taten vollbracht hat, wie der große Achilleus oder der erzürnte Aias auf der Hochebene des Simoeis, wo die Anhöhe des phrygischen Ilion steht. Die Phönizier, die den hohen Abhang Libyens unter der sinkenden Sonne bewohnen, lassen schon ihre Lanzen starren, während die Syrakusaner den Speer in der Mitte angefasst wiegen, die Linke belastet mit dem Weidenschild. Unter diesen rüstet sich Hieron zum Kampf, den Helden vergangener Tage gleich, den Helm beschattet mit Pferdehaaren. O ruhmreicher Göttervater Zeus, und du, Herrin Athene, und Jungfrau [Persephone], die du mit deiner Mutter die Stadt der reichen Ephyreer [Korinther] am Ufer der Lysimeleia als Stammsitz zugewiesen bekommen hast, möge unheilvoller Zwang die Feinde, so wenige von den vielen geblieben sind, von der Insel [Syrakusai] über das sardinische Meer vertreiben, sodass sie ihren Gattinnen und Kindern den Untergang der Anverwandten melden könnten. Die Städte, die bis hin zur Akropolis von den Bösen heimgesucht worden sind, sollten wieder von ihren alten Bewohnern bevölkert sein, die die blühenden Felder neu bestellen könnten. Unzählig viele Tausende an Schafen, vom Gras dick geworden, mögen auf der Wiese blöken, und die in Herden zurückkehrenden Kühe sollten die Schritte des abendlichen

Wanderers beschleunigen. Die Felder mögen zur Saat urbar gemacht werden, während die Zikade, die sich am Mittag vor den Hirten versteckt, hoch oben im Geäst der Bäume musiziert. Die Spinnen werden ihre feinen Gewebe in den Waffen ausspannen, und sogar das Wort ‚Waffenalarm' sollte in Vergessenheit geraten. Mögen die Dichter Hierons Ruhm in die Höhe tragen bis über das skythische Meer hinaus und dorthin, wo Semiramis über das mit Asphalt befestigte glatte Gemäuer ihrer Stadt herrscht. Ich bin einer von denen, es gibt aber auch viele andere, von den Töchtern des Zeus geliebt, denen allen am Herzen liegen möge, die sizilianische Arethusa samt ihrem Volk zu besingen, und auch den speertragenden Hieron. O ihr göttlichen Chariten des Eteokles, die ihr Orchomenos liebt, Heimstatt der Minyer, einst Erzfeind von Theben, ungerufen werde ich zu Hause bleiben, doch wenn man mich ruft, werde ich dem Haus samt meinen Musen einen Besuch abstatten. Ich werde euch nie verlassen! Was gäbe es Liebenswertes für Menschen ohne die Chariten? Möge ich immerdar mit ihnen sein!

Der ideale literarische Gönner wird durch eine als Prophezeiung stilisierte Wunschäußerung in die Zukunft geschoben (ἔσσεται οὗτος ἀνήρ).[80] Er wird es sein, der die Fähigkeit besitzt, den mythischen Vorbildern nachzuleben, mithin wird er die Dichtung Theokrits, einen perspektivisch verkürzten Ableger der homerischen Ruhmverewigung (V. 4: ἄμμες δὲ βροτοὶ οἵδε, βροτοὺς βροτοὶ ἀείδωμεν – „Wir sind sterblich, so werden wir Sterbliche besingen") willkommen heißen. Die Prophezeiung, die einen vollkommenen Herrscher verheißt, ist ein Topos der enkomiastischen Dichtung, den wir bereits kennengelernt haben.[81]

Die Beschreibung der Kriegsvorbereitungen und die Siegeswünsche dienen als Vorspiel zum breit geschilderten Wunschbild (Optative) des durch den Herrscher herbeigeführten Friedens und Reichtums – im Gegensatz zum Delos-Hymnos, wo der Akzent durchgehend auf dem kriegerischen Aspekt liegt.[82] Theokrit bedient sich dabei literarischer Vorbilder[83] und schafft selbst eine weitreichende Tradition. Die *pax Romana*-Schilderungen der römischen Dichtung sind ohne Theokrit unvorstellbar.[84] Ein charakteristischer Unterschied zur Friedens-Auffassung der 15.

---

[80] Zur sprachlichen Formulierung (ἔσσεται+Substantiv) vgl. Hom. *Il.* 4. 164 (Untergang Trojas).

[81] Vgl. Kapitel 2.3 (Kall. *h.* 4. 188).

[82] Das Wort βοᾶς (V. 97: ‚Alarm') steht in etymologischem Zusammenhang mit und konzeptuellem Gegensatz zu βόες (V. 92: ‚friedlich heimkehrende Kühe'). Die auf einem hohen Ast (V. 95: ὑψόθι) zirpende Zikade und Hierons ‚hoher Ruhm' (V. 98: ὑψηλὸν […] κλέος) stehen ebenfalls in Parallele. Das bedeutet, dass auch ein Idyllendichter theokriteischen Schlages es mit seinen bescheideneren Mitteln zuwege bringt, einen Herrscher zu preisen, ohne es mit den vielen Epikern (V. 101: πολλοὺς […] ἄλλους) aufnehmen zu müssen, deren Ausdrucksresevoir im Bereich des Hypsos liegt.

[83] Vgl. z. B. das Friedenselogium des Bakchylides, in dem das Bild des mit Spinnennetzen durchwobenen Helmes erscheint (*fr.* 4. 69 f.).

[84] Vgl. Meincke 1965, S. 69 und Strootman 2014, S. 326–328. Zum Konzept des *otium* als einer idyllenspezifischen Universalie siehe Rosenmeyer 1969, S. 65–97.

Idylle ist die Eigenheit, dass während dort der Friede seine Wirkung auf der innergemeinschaftlichen Ebene entfaltet (V. 47 f.: οὐδεὶς κακοεργός / δαλεῖται τὸν ἰόντα παρέρπων Αἰγυπτιστί: „Kein Wegelagerer schleicht auf ägyptische Weise heran und plündert den Heimkehrer aus"), hier die idealen, durch Bilder des vegetativen Gedeihens angereicherten Zustände in einen viel allgemeineren Zusammenhang gestellt und zu einer Art *pax mundi* gesteigert werden.

Im Epilog des Gedichts werden die Chariten noch einmal angerufen, diesmal als Ἐτεόκλειοι Χάριτες (V. 104). Das Attribut hat eine doppelte Funktion: Einerseits beschwört es die Dichtung Pindars herauf, der auch eine „Hymne" auf die Chariten komponiert hat (*O.* 14), eine Ode, in deren Scholienmaterial der mythische König Eteokles, Gründer des Kultus der Göttinnen, erscheint.[85] Die Minyer, Urbewohner der Stadt Orchomenos, werden vom Pindar-Gedicht selbst erwähnt (V. 4). Andererseits kann Ἐτεόκλειοι eine poetische Etymologie enthalten, durch die suggeriert wird, dass die Chariten ἐτεὸν κλέος („wahren Ruhm')[86] zu gewähren imstande sind, sodass ihnen von Haus aus die enkomiastische Dichtung als Ressort zufällt. Theokrit scheint also die Ansicht derer zu teilen, die in Pindar einen archetypischen Vertreter der Enkomiastik erblickten.[87] Bei dem thebanischen Dichter ist χάρις als Begriff und Personifikation ein Konzept für die komplexen Verhältnisse, die Dichter und Liedadressat verbinden. Die pindarische Allusion wird bestärkt durch den Namen des Herrschers: Im Falle des Gedichts Theokrits heißt der Gönner ebenso Hieron (der zweite unter diesem Namen), wie in Pindars mustergültigen Herrscheroden (*O.* 1, *P.* 1, 2, 3 an Hieron I.).[88]

Laut der biographischen Tradition (oder Fiktion) soll Theokrit die erhoffte Unterstützung von Hieron nicht bekommen haben, deshalb sei er nach Ägypten gewandert, um am Hof des Ptolemaios II., dessen Ruhm als Kulturmäzen weithin bekannt gewesen sein dürfte, sein Glück zu versuchen. So zeichnet sich dieselbe Route von Syrakus nach Alexandria ab, die der 15. Idylle in Bezug auf die Frauen am Adonisfest zugrunde liegt. Das Ergebnis dieser alexandrinischen Phase ist die als *Encomium Ptolemaei* überschriebene 17. Idylle. Sie ist vielleicht das konventionellste Gedicht der Sammlung, eines, das das gesamte Spektrum der herrscheren-

---

[85] Σ ad Pind. *O.* 14. inscr. c (I, S. 390 Drachmann). Die Erwähnung der Stadt Theben als der großen Rivalin von Orchomenos erinnert metapoetisch an den thebanischen Pindar selbst. Weitere mögliche Allusionen: Theokr. 16. 108 f.: τί γὰρ Χαρίτων ἀγαπητόν / ἀνθρώποις ἀπάνευθεν; ἀεὶ Χαρίτεσσιν ἅμ' εἴην ~ Pind. *O.* 14. 5–9: σὺν γὰρ ὑμῖν τά <τε> τερπνὰ καί / τὰ γλυκέ' ἄνεται πάντα βροτοῖς, / εἰ σοφός, εἰ καλός, εἴ τις ἀγλαὸς ἀνήρ. / οὐδὲ γὰρ θεοὶ σεμνᾶν Χαρίτων ἄτερ / κοιρανέοντι χοροὺς οὔτε δαῖτας; Theokr. 16. 69 f.: χαλεπαὶ γὰρ ὁδοὶ τελέθουσιν ἀοιδοῖς / κουράων ἀπάνευθε Διὸς μέγα βουλεύοντος ~ Pind. *fr.* 52h (= *Pai.* 7b) 18–20: τ]υφλα[ὶ γὰ]ρ ἀνδρῶν φρένες, / ὅ]στις ἄνευθ' Ἑλικωνιάδων / βαθεῖαν ε..[..].ων ἐρευνᾷ σοφίας ὁδόν.
[86] Vgl. Pind. *N.* 7. 63: κλέος ἐτήτυμον.
[87] Vgl. dazu Kapitel 3.3.1.3.
[88] Vgl. Meincke 1965, S. 80 und Rawles 2018, S. 230 f.

komiastischen Topoi Revue passieren lässt. Ein Hauch von Ironie ist nur in jener Episode zu spüren, wo sich der beschwipste Herakles von Ptolemaios Soter und Alexander dem Großen ins Schlafgemach begleiten lässt (vgl. Kapitel 2.3).

Das Prooimion des Gedichts – wie auch das der 16. Idylle – setzt die hierarchischen Grenzen einer Welt fest, die würdig ist, von einem Enkomiasten besungen zu werden. Die göttliche und menschliche Sphäre schließen einander nicht aus. Vielmehr sind sie in einem Analogieverhältnis begriffen:[89] Wie Zeus in der olympischen Hierarchie zu verherrlichen ist, ebenso muss Ptolemaios auf Erden Gegenstand des Preises sein:[90]

> Ἐκ Διὸς ἀρχώμεσθα καὶ ἐς Δία λήγετε Μοῖσαι,
> ἀθανάτων τὸν ἄριστον, ἐπὴν † ἀείδωμεν ἀοιδαῖς·
> ἀνδρῶν δ' αὖ Πτολεμαῖος ἐνὶ πρώτοισι λεγέσθω
> καὶ πύματος καὶ μέσσος· ὃ γὰρ προφερέστατος ἀνδρῶν.
> ἥρωες, τοὶ πρόσθεν ἀφ' ἡμιθέων ἐγένοντο,
> ῥέξαντες καλὰ ἔργα σοφῶν ἐκύρησαν ἀοιδῶν·
> αὐτὰρ ἐγὼ Πτολεμαῖον ἐπιστάμενος καλὰ εἰπεῖν
> ὑμνήσαιμ'· ὕμνοι δὲ καὶ ἀθανάτων γέρας αὐτῶν.
> Ἴδαν ἐς πολύδενδρον ἀνὴρ ὑλατόμος ἐλθών
> παπταίνει, παρεόντος ἄδην, πόθεν ἄρξεται ἔργου.
> τί πρῶτον καταλέξω; ἐπεὶ πάρα μυρία εἰπεῖν
> οἷσι θεοὶ τὸν ἄριστον ἐτίμησαν βασιλήων.

(id. 17. 1–12)

Hebt, ihr Musen, mit Zeus an und endet mit ihm, dem Besten aller Unsterblichen, sooft wir ein Lied anstimmen (?). Unter den Männern aber soll Ptolemaios am Anfang, in der Mitte und am Ende besungen werden, als Hervorragendster aller Menschen. Die Heroen, die früher von Halbgöttern abstammten, hatten schöne Taten vollbracht und sind auf weise Dichter gestoßen. Ich aber, der ich die Fähigkeit des Dichtens besitze, werde Ptolemaios preisen: Die hymnischen Preislieder sind sogar für die Götter selbst eine Gabe. Ein Holzfäller, der auf den Berg Ida mit seinen vielen Bäumen geht, hält Ausschau, wo er mit der Arbeit beginnen sollte, da es so viele gibt. Was soll ich zuerst sagen? Denn es gibt unzählbar Vieles zu berichten, womit die Götter den Besten der Könige ausgezeichnet haben.

Die Ehrenstellung des Zeus am Anfang und Ende des Gedichts ist ein Motiv, das sich von Hesiod herleitet, bei dem die Könige genealogisch und metaphorisch (als Symbol der Macht) mit dem olympischen Hauptgott verknüpft werden.[91] Hesiode-

---

[89] Die Analogie ‚Gott–König' verfügt über eine weit zurückreichende Tradition. Vgl. oben Kapitel 2.3.

[90] Ein schöner Ausdruck dieses Gedankens ist der Chiasmus ἀθανάτων τὸν ἄριστον und τὸν ἄριστον ... βασιλήων (ABBA), der das Prooimion gleichsam umrahmt.

[91] Hes. erg. 1–8; theog. 96: ἐκ δὲ Διὸς βασιλῆες. Das letztere wird von Kallimachos in seinem Zeus-Hymnos zitiert (h. 1. 79), der mehrere Ähnlichkeiten mit dem Prooimion des Theokrit-Gedichts aufweist. Das Motiv des Primats des Zeus gegenüber allen Ande-

isch mutet auch der Hinweis auf die Halbgötter (ἡμιθέων) an (*erg.* 159 f. über die vor Theben und Troja Kämpfenden), zu denen Hesiod und Theokrit die Helden rechnen.[92] Ihre Großleistung (ῥέξαντες καλὰ ἔργα)[93] wird von den Dichtern reichlich bedacht.

Das Prooimion wechselt dann in bildliche Sprache über. Das epische Gleichnis mit einem Holzfäller im Mittelpunkt wird von Theokrit auf eine ganz originelle Weise gestaltet: ohne Vergleichspartikeln als metapoetische Metaphernreihe, die einen außerordentlichen Themenreichtum suggeriert.[94] Dies ist die wohlbekannte ἀπορία (*embarras de richesse*), die mit der hymnischen Gattung innigst verbunden ist.[95] Eine besondere Beachtung verdient in diesem Zusammenhang das Verb παπταίνειν („spähen"), das in der homerischen Sprache den Akt beschreibt, wenn jemand auf dem Schlachtfeld nach dem Feind, dem er sich stellen will, Ausschau hält. Hier beschreibt es das Suchen nach einem geeigneten Thema. Ein Vorbild für diese Verwendung ist Pindars Stelle, wo behauptet wird, es gebe keinen höheren Gegenstand: τὸ δ' ἔσχατον κορυφοῦται / βασιλεῦσι. μηκέτι πάπταινε πόρσιον (*O.* 1. 113 f.: „Die oberste Stufe ist das Königtum. Spähe nicht weiter!").

Nach dem Auftritt des Ptolemaios Soter auf dem Olymp beginnt der Preis Berenikes. Auch hier, wie in der 15. Idylle, wird die Apotheose der Königin unter Mitwirkung Aphrodites beschrieben. Ihr genügt ein bloßes Handauflegen auf Berenikes Schoß. Dies führt zum Thema der ehelichen Liebe hinüber, dann zur Geburt von Ptolemaios Philadelphos auf Kos (die Insel als ‚zweite Delos', Philadelphos als ‚zweiter Apoll'),[96] daraufhin zur Größe des Reichs, schließlich zur Schilderung von Friede und Gedeihen. Die Liebesehe spielt im gesamten Gedicht eine zentrale Rolle (Herakles und Hebe, Soter und Berenike, Ptolemaios und Arsinoe, Zeus und Hera). Zwei historischen Ehen stehen chiastisch zwei mythische gegenüber, als deren irdische Spiegelung sich die ptolemäische Ehe erweist.[97] Während in der vorigen (16) Idylle *charis* eine poetologische Metapher (‚Dank des Dichters') war, bekommt sie hier eindeutig eine erotische Bedeutungsnuance.

---

ren wird auch von Arat im Prolog seines Werks aufgegriffen (*Phain.* 1–14: Ἐκ Διὸς ἀρχώμεσθα – Τῷ μιν ἀεὶ πρῶτόν τε καὶ ὕστατον ἱλάσκονται). Siehe unten Kapitel 4.

[92] Ob Halbgötter oder Söhne von Halbgöttern, verschlägt wenig: Beide Geschlechter haben nämlich Helden hervorgebracht.

[93] Das episch gefärbte Partizip ῥέξαντες evoziert ῥέξας (V. 74) in einem ähnlichen Kontext der 16. Idylle.

[94] Den Berg Ida interpretiert Griffiths 1979, S. 73 nicht nur als eine allgemein homerische Allusion, sondern insbesondere als Stätte des *hieros gamos* von Zeus und Hera, was auf die Begegnung der menschlichen und göttlichen Sphäre, letztendlich auf die Vergöttlichung der Ptolemäer hindeuten soll.

[95] Vgl. unten das Kallimachos-Kapitel (3.3.1.1).

[96] Zum Verhältnis des theokriteischen Enkomions zum Delos-Hymnos des Kallimachos vgl. Meincke 1965, S. 116–124 (Theokrits Wirkung auf Kallimachos).

[97] Vgl. Pfeiffer 1926, S. 167 f.

Die 18. Idylle behandelt die Hochzeit von Helena und Menelaos, gattungsmäßig kommt sie also einem *epithalamion* am nächsten. So wird auch Sappho heraufbeschworen, die die Hochzeit von Hektor und Andromache besang (*fr.* 44 Voigt). Theokrit durchsetzt den Mythos mit politischen Anklängen, sodass die Idylle zum Abschlussglied des ganzen, mit 15 beginnenden Zyklus wird. Das Leitmotiv des Zyklus – das muss schon klar geworden sein – ist das der Liebe (ἔρως/χάρις), die verschiedene Ausprägungen und Abwandlungen erfährt: das Verhältnis Arsinoes II. zu Adonis (15), der erfolglose Bittgang der poetischen Charites (16), die Schilderung vierer namhafter Ehen (17). In diesem Zusammenhang ist es naheliegend, in der Hochzeit des trojanischen Herrscherpaares das mythische Pendant der Ehe von Ptolemaios II. Philadelphos und Arsinoe II. zu sehen.[98]

---

[98] Vgl. Griffiths 1979, S. 86–91 und Acosta-Hughes 2010, S. 37.

3.2 Poseidippos und Arsinoe

Poseidippos war lange Zeit als schattenhafter Gegenspieler des Kallimachos bekannt,[99] dessen Werk bis auf einige Epigramme, die in der *Anthologia Palatina* erhalten geblieben sind, verschollen ist. Mit dem Mailänder Poseidippos-Papyrus (1992) hat sich alles schlagartig verändert, und zwar nicht nur in Bezug auf den Dichter von Pella, sondern auch in allem, was wir über poetische Bücher in der hellenistischen Dichtung wissen. Die neuentdeckte Epigrammensammlung besteht aus neun thematischen Einheiten, die außer den erotischen Epigrammen alle Typen Revue passieren lassen (votive, epideiktische und Grabepigramme). Im Folgenden werden zwei repräsentative Gedichte ausgesucht und analysiert: Beide sind Weihepigramme (sog. *anathematika* als dritte thematische Gruppe) und haben eine stark höfisch-ptolemäische Komponente, wodurch die in den vorausgehenden Kapiteln angeschlagene Thematik weitergeführt wird. Dies leitet über zu der Analyse eines kallimacheischen Epigramms, das einen ähnlichen Gegenstand behandelt. Der gemeinsame Zug aller Gedichte besteht darin, dass der Weihestandort der Tempel Arsinoes II. ist. Diese Kultstätte ist ein ikonischer Schauplatz, Heimstatt und Herzstück der höfischen Erinnerungskultur, die von den hellenistischen Dichtern in verschiedenen Formen bedacht wird.[100] Das Denkmal stand auf der Halbinsel Kanopos in der Nähe Alexandrias und sein Ruhm hat seine Größe weit überflügelt. Es wurde in den 70er Jahren vom samischen Kallikrates, dem Nauarchen des Ptolemaios II., gegründet, und etablierte sich spätestens nach dem Tod der Arsinoe (270 v. Chr.) als Kultort der als Aphrodite-Zephyritis vergöttlichten Königin. Arsinoe war, was ihren Wirkkreis betraf, vor allem eine Schirmherrin der heiratsfähigen Mädchen und qua Euploia eine Schützerin der Schiffer.[101]

Unser erstes Textbeispiel (*ep.* 37 A–B) erzählt die sonderbare Geschichte der Einweihung der Leier Arions, die im Heiligtum Arsinoes vom Tempelhüter aufgestellt wurde, nachdem sie auf eine wundervolle Weise von einem Delphin an Land gebracht worden war:

Ἀρσινόη, σοὶ τή[ν]δε λύρην ὑπὸ χειρ[ὸς ἀοιδο]ῦ
φθεγξαμ[ένην] δελφὶς ἤγαγ' Ἀριόνιο[ς
ου ελου[ ]ας ἐκ κύματος ἀλλ' οτ[
κεῖνος ἀν[ ]ς λευκὰ περᾷ πελά[γη
πολλαπο[ ] τητι καὶ αἰόλα τῇ [
φωνῇ π[ ] ακον κανον ἀηδον[

---

[99] Eine wertvolle Angabe der sog. Florenzer Scholien (1b Harder = Σ Flor. 1. 5) erwähnt den älteren Dichter-Rivalen unter den Telchinen, den negativen Konstrastgestalten im Prolog der *Aitien*.
[100] Außer den hier betrachteten drei Epigrammen vgl. das Kapitel über die *Ektheosis Arsinoes* des Kallimachos (3.3.3).
[101] Zur Bedeutung des kultischen Namens vgl. engl. *Godspeed/Goodspeed*.

ἄνθεμα δ', [ὦ Φιλ]ᾴδελφε, τὸν ἤλασεν [. . . . .]ίων
τόνδε δέ[χου,]υσου μ‹ε›ίλια ναοπόλο[υ.

Diese Leier, die früher unter Arions Händen erscholl, hat dir, Arsinoe, ein Delphin zugetragen, (…) zwischen den Wellen (…) derjenige (…) (…) farbenreich (…) die Stimme der Nachtigall (…). Nimm, o Philadelphos, dieses Weihgeschenk, auf dem (Arion) geritten ist, als Versöhnungsgabe des Tempelhüters!

Arions wunderbare Errettung war eine der berühmtesten Geschichten der Griechen.[102] Laut dem Epigramm scheint sich die alte Legende in der Gegenwart zu wiederholen. Diesmal ist es aber nicht Arion selber, der durch die Gunst des menschenfreundlichen Tiers geborgen wird, sondern sein Instrument oder dessen Replikat. Das Ereignis ist nicht nur ein nennenswertes Paradoxon, sondern weist auch eine denkwürdige Symbolik auf, die im Anfangsdistichon zum Ausdruck kommt: Die Weihe des Instruments soll jenen Kulturtransfer sinnfällig machen, der die moderne Literatur zum Erben der archaischen Gesangstradition erhebt.[103] Die Leier selbst ist ein Symbol dieses Kontinuums zwischen Vergangenheit und Gegenwart. Dadurch, dass die Königin als Weiheadressatin erscheint, kommt ihr eine Schlüsselrolle bei der Entfaltung der neueren Literatur zu. Der Umstand, dass die Verlagerung des kulturellen Zentrums über eine Meeresreise stattfindet, weckt Assoziationen an die Euploia-Eigenschaft der kanopitischen Arsinoe: Sie leistet nicht nur den Schiffern Beistand, sondern lässt sich auch die Geschicke der Literatur angelegen sein.

Die Wörter Ἀρσινόη und Ἀριόνιο[ς (Attribut des Delphins) am Anfang und Ende des Distichons stellen die beiden Pole dar, zwischen denen diese *translatio litterarum* vonstatten geht. Dieser Vorgang wird auch als Spiel mit den Buchstaben sichtbar gemacht, da sich der Name der Königin bis auf das auslautende Eta aus den Buchstaben von Ἀριόνιο[ς zusammensetzt, sie sind also Anagramme. Dadurch, dass das Spiel vor allem auf die Augen berechnet (wenngleich beim lauten Lesen auch ohrenfällig wahrnehmbar) ist, kommt der Wechsel von der mündlichen Darbietungsform (φθεγξαμ[ένην]) zur neuen leserzentrierten Existenz der Literatur klar zum Ausdruck. Somit beinhaltet selbst die Art und Weise der Formulierung eine wichtige Botschaft: Die neue Literatur präsentiert sich als Neukonfiguration der alten. Mithin stellt sich die *translatio litterarum* als *transpositio litterarum* dar.

Nach dem ersten Verspaar geht das Licht aus, sodass weder Wortlaut noch Inhalt sicher zu rekonstruieren sind. Auf festem Boden stehen wir erst wieder im letzten Distichon, das die Weihung des im Mittelpunkt stehenden Gegenstandes

---

[102] Die klassische Erzählversion stammt von Hdt. 1. 23–25.
[103] Zu diesem symbolischen Moment vgl. Acosta-Hughes 2010, S. 1 f. (sowohl der Titel des Buchs als auch sein Programm schreiben sich von diesem Epigramm her).

beschreibt. Die Wendung nach der bukolischen Zäsur wird von Austin zu [οἶμον Ἀρ]ίων ergänzt, also zu einer Metapher des poetischen Weges: Arion wird dabei als Reiter (ἤλασεν) wahrgenommen, das Lied bzw. sein Weg (οἶμος scheint beides bedeutet zu haben) wird zu einem intern-resultativen Objekt des Musizierens/Reitens. Aber laut der Logik der Syntax müsste οἶμον auch das direktionell-unmittelbare Objekt von δέ[χου ausdrücken. Indessen erweist sich dies als etwas schwierig, da sich ein abstrakter Begriff nicht als Weihegegenstand eignet.

Der Vers muss so ergänzt werden, dass darin die Benennung der Leier eindeutig auszumachen ist. Zur Schließung der Lücke schlage ich die Konjektur [ὄκχον Ἀρ]ίων vor. Demgemäß wird Arion als auf einem Wagen reitend dargestellt, was beim Leser sofort das Bild des auf seinem Delphin reitenden Sängers evoziert. Doch da man aufgrund des ersten Verspaares weiß, dass eine Leier aufgestellt wurde, wird man sich ὄκχον als den Musenwagen vorstellen, auf dem Arion metaphorischerweise reitet, d. h. musiziert. Der Wagen des Sängers ist also im Kontext des Gedichts die Leier selbst, deren Saiten gleichsam das Sielengeschirr darstellen, das der Spieler geschickt handhabt, um so sein musikalisches Gespann zu lenken. Der Begriff ὄκχος eignet sich als konkreter, wiewohl metaphorisch verwendeter Gegenstand zum Objekt von δέ[χου vorzüglich. Mithin läge die Pointe des Epigramms nicht zuletzt darin, dass ὄκχος wider alle Erwartung nicht den Delphin-Wagen, sondern das Instrument bezeichnet. Die Verblüffung des Lesers, auch Überraschungseffekt genannt, gilt als eines der eigensten Prinzipien der hellenistischen Ästhetik.

Darüber hinaus scheint mir Poseidippos im gesamten Epigramm auf eine Pindar-Stelle anzuspielen,[104] eine These, die man – um nicht einem Zirkelschluss anheimzufallen – auch ohne die obige Konjektur vertreten kann, die aber, wenn sie zutrifft, die Konjektur zu erhärten vermag:

ἐγὼ μ[
παῦρα μελ[ι]ζομεν[
[γλώ]σσαργον ἀμφέπω[ν ˻ἐρε-
θίζ˼ομαι πρὸς ἀϋτ̣[άν
˻ἁλίο˼υ δελφῖνος ὑπ˻ιόκρισιν˼,
˻τὸν μὲν ἀκύμονος ἐν πόντου πελάγει
αὐλῶν ἐκίνησ᾽ ἐρατὸν μέλος˼.

(Pind. *fr.* 140b 10–15 Snell–Maehler)

Ich – mit bescheidener Singstimme, aber des schönen Ausdrucks befleißigt – wetteifere mit ihm [Xenokritos] auf die Weise des salzwasserbewohnenden Delphins, den auf der Fläche des ruhigen Meers der liebliche Ton der Flöten zur Bewegung brachte.

---

[104] Ausführlicher zu dieser Anspielung siehe Adorjáni 2017.

Das Pindar-Gedicht könnte deshalb in Poseidippos' Blickfeld gerückt sein, weil darin eines älteren Dichters (wohl des Xenokritos von Lokris), der eine starke Faszination auf den/die Sprechenden ausübt, gedacht wird. Im Epigramm geht es ebenfalls um das Verhältnis der Gegenwart zu einer überkommenen literarischen Tradition. In den Versen 13–15 des pindarischen Bruchstücks vergleicht sich der Dichter/Chor mit einem musikalischen Delphin, den auf der glatten (ἀκύμονος) See die Töne der Schalmeien hervorlocken und zum Tanz bewegen. Interessanterweise scheint die Glätte der See auch im Poseidippos-Epigramm eine wichtige Rolle gespielt zu haben, obgleich hier statt der Aulostöne des Pindar-Fragmentes (V. 3, 15) die Leier in den Vordergrund tritt. Trotz des fragmentarischen Zustandes rekonstruiere ich den Inhalt der Verse 3 f. folgendermaßen: ‚Die Leier wurde nicht (ου am Versanfang vielleicht die Negation οὐ) auf wogender See (ἐκ κύματος mit zerstörtem Attribut) an Land gebracht, sondern (ἀλλ') wenn (ὅτε [konjiziert für V. 3: οτ]) jener [der Delphin] das schimmernde Meer durchfährt (κεῖνος [...] λευκὰ περᾷ πελά[γη).' So haben mutmaßlich beide Gedichte das Motiv der Harmonie zwischen musikalischem Tier und ruhendem Meer gemeinsam.

Höchstwahrscheinlich wird Pindar in seinem Gedicht Arions Mythos nicht erwähnt haben. Letzte Gewissheit ist in dieser Frage jedoch nicht zu erlangen. Wenn aber Poseidippos an der betreffenden Stelle ὄκχον geschrieben hat, dürfte dazu das obige Pindar-Fragment eine Anregung gegeben haben (V. 8: οἷον [ὄ]χημα λιγ[). Dieses Element hätte er dann mit Arion und dem Delphin verbunden, der auch bei Pindar auftaucht. Als Fazit lässt sich sagen, dass die Metapher des Wagens vorzüglich zum weiteren Kontext des Epigramms passt. Denn der hellenistische Dichter reflektiert damit auf die sagenumwobene Gestalt Arions, auf eine Metapher der poetologischen Sprache und auf ein Gedicht eines namhaften Dichtervorgängers.

Ein anderes Epigramm in der unmittelbaren Nachbarschaft (*ep.* 36 A–B) hat ebenso einen außergewöhnlichen Weiheakt und -gegenstand an die kanopitische Arsinoe zum Thema, obwohl darin statt der musischen die kriegerische Rolle der Königin in den Vordergrund tritt. So wird Arsinoes mutiges Verhalten als eine der Herrschertugenden thematisiert, indem nicht Aphrodite, sondern Pallas Athene zu ihrem Vorbild avanciert.[105]

      Ἀρσινόη, σοὶ τοῦτο διὰ στολίδων ἀνεμοῦσθαι
        βύσσινον ἄγκειται βρέγμ' ἀπὸ Ναυκράτιος,
      ᾧ σύ, φίλη, κατ' ὄνειρον ὀμόρξασθαι γλυκὺν ἱδρῶ

---

[105] Nach Plut. *Luc.* 10. 4 eilt Athene verschwitzt den Kyzikern zur Hilfe. Ein modernes Rezeptionsbeispiel dafür, wie eine Göttin als mythisches Paradigma für eine Königin dienen kann, ist Edmund Spensers *The Faerie Queene*, wo Britomart, eine Hypostase der Artemis (vgl. Kall. *h.* 3. 189–205), als Allegorie für die englische Königin, Elisabeth I., präsentiert wird, nicht zuletzt wegen der fiktiven Etymologie ihres Namens (tapfere [‚Mars'] Königin der Briten [‚Brito-']).

ἤθελες, ὀτρηρῶν παυσαμένη καμάτων·
ὡς ἐφάνη‹ς›, Φιλάδελφε, καὶ ἐν χερὶ δούρατος αἰχμήν,
πότνα, καὶ ἐν πήχει κοῖλον ἔχουσα σάκος·
ἡ δὲ σοὶ αἰτηθεῖσα τὸ λευ‹χ›έανον κανόνισμα
παρθένος Ἡγησὼ θῆκε γένος Μακέ[τη.

Arsinoe, dir ist dieses Seidentuch aus Naukratis geweiht worden, damit dessen Falten im Wind flattern mögen. Mit diesem wolltest du, Liebliche, den süßen Schweiß abwischen, befreit von heftigen Mühen. So bist du ihr, Bruderliebende, erschienen, den Schaft des Speeres in deiner Hand, Herrin, den hohlen Schild auf deinem Arm. Dir hat aber die Jungfrau Hegeso aus makedonischem Geschlechte dieses weißgewobene Tuch gewidmet, nachdem du sie im Traum darum gebeten hast.

Aus dem Text erhellt nicht eindeutig, in welchem kriegerischen Kontext Arsinoe als Schützerin aufgetreten war. Diese Unbestimmtheit ist wohl als bewusste rhetorische Strategie zu werten, durch die der Dichter den Akzent auf die zeitlose Erscheinungsform der herrscherlichen Tugend setzt. Der Begriff ὄνειρος (V. 3) und das Partizip αἰτηθεῖσα (V. 7: Bitte an die Dedikantin) setzen außer Zweifel, dass es sich um eine Dedikation im Gefolge eines Inkubationstraums handelt: Hegeso ist Arsinoe in ihrem Traum erschienen und hat ihr ihr Anliegen vorgetragen, dem diese nach dem Erwachen nachgekommen ist (der Gegensatz zwischen Traum und Wirklichkeit wird im Griechischen durch das Paar ὄναρ ~ ὕπαρ ausgedrückt). Selbst der Name Hegeso wird in diesem Kontext bedeutungsträchtig, indem er an eine militärische Fähigkeit (ἡγη- ~ ‚führen') erinnert.

Die Anrede (Apostrophe) der Königin erscheint vermittels dreier in gleichmäßigem Abstand über mehrere Verse verteilter Wörter: Ἀρσινόη (V. 1) ~ φίλη (V. 3) ~ Φιλάδελφε […] πότνα (V. 5 f.) ~ σοί (V. 7). Die Paarung φίλη ~ Φιλάδελφε ist außerdem von einem etymologischen Anklang geprägt: Das Adjektiv deutet eine enge seelische Verbundenheit zwischen Darbringerin und Adressatin an, das dynastische Kognomen hingegen akzentuiert die eheliche Liebe, die Arsinoe mit ihrem Bruder-Gatten vereint.[106] Im oben behandelten Epigramm (*ep.* 37) ist die Reihenfolge sowie Verteilung etwas anders (V. 1: Ἀρσινόη, σοί ~ V. 7: Φιλάδελφε), aber auch hier scheint ein ähnliches Variationsprinzip obzuwalten.

Es gilt nach wie vor, dass sich hinter der scheinbar glatten Fassade Überraschungseffekte verbergen. So wird der Leser auf die Benennung des Weihgegenstandes durch zwei Begriffe aufmerksam gemacht, die in literarischen Texten nur hier vorkommen, also als ἅπαξ λεγόμενα und Glossen einzustufen sind: βρέγμ(α) (V. 2) und κανόνισμα (V. 7).[107] Der vom Wind aufgebauschte Schleier ist ein ein-

---

[106] Zu den ideologischen Bezügen der Liebe und ihrer sinnverwandten Begriffe vgl. Kapitel 3.1 und 3.3.3.
[107] Bei βρέγμα handelt es sich wohl um einen Stamm, der ‚Kopf' bedeutet (vgl. engl. *brain*, nordd. *Dollbregen* ~ *Hitzkopf*), geht es doch um eine Kopfbedeckung, im zweiten Fall

deutiger Hinweis auf Arsinoes Kult: Sie wurde im kanopitischen Heiligtum als Zephyritis („die Tochter des Westwindes") verehrt, man könnte also sagen, das Tuch wird von der vergöttlichten Königin gebläht.

Der „süße Schweiß" (V. 3: γλυκὺν ἱδρῶ) ist nur teilweise ein realistisches Element als Zeichen der physischen Strapazen der Königin. Er ist zugleich ein Symbol des ‚gottbegnadeten Königtums', das sich in der göttlichen Substanz einer süßaromatischen Salbe äußert. Bei Theokrit haben wir schon gesehen, dass Berenike I., Mutter von Arsinoe II., von Aphrodite selbst unsterblich gemacht worden ist mithilfe jener ambrosischen Tinktur, die die Göttin ihr in die Brust gerieben hatte. Im nachfolgenden Kallimachos-Kapitel (3.3.1.2) wird sich aber herausstellen, dass die Panacea, die aus Apolls Haaren trieft, ein ähnlich symbolträchtiges Herrscherattribut ist. Es ist sehr bezeichnend, dass sich diese Assoziation über die Jahrhunderte hinweg gehalten hat und sogar dem Renaissance-Dichter Ianus Pannonius in die Feder geflossen ist,[108] wo sie von den Kommentatoren auf den Einfluss der Heiligenviten, in denen dem Körper der Märtyrer ein göttlicher Duft/Stoff entströmt, zurückgeführt wird.[109] Es ist aber mehr als wahrscheinlich, dass das Motiv einen christianisierten Ableger der althergebrachten Herrschafts-Symbolik darstellt. Wie dem auch sei, Poseidippos hat sicher ein sehr wertvolles Gedanken- und Bildgut hohen (wohl indoeuropäischen) Alters sich zu eigen gemacht.

Als Abschluss der Betrachtung zweier Poseidippos-Epigramme soll noch ein kallimacheisches herangezogen werden. Damit soll bewiesen werden soll, dass die beiden Persönlichkeiten einander gar nicht so fremd gegenüberstanden, wie nach der Legende der berüchtigten Dichterfehde vermutet werden könnte. Das Thema des Epigramms ist auch diesmal eine besondere Weihung an Arsinoe: In der Tradition der *oggetti parlanti* ist es eine Meeresschnecke (Nautilus), die über ihre Herkunft und neue Bestimmung berichtet:

Κόγχος ἐγώ, Ζεφυρῖτι, πάλαι τέρας· ἀλλὰ σὺ νῦν με,
  Κύπρι, Σεληναίης ἄνθεμα πρῶτον ἔχεις,
ναυτίλος ὃς πελάγεσσιν ἐπέπλεον, εἰ μὲν ἀῆται,
  τείνας οἰκείων λαῖφος ἀπὸ προτόνων,
εἰ δὲ γαληναίη, λιπαρὴ θεός, οὖλος ἐρέσσων
  ποσσὶν †ἵν' ὥσπ† ἔργῳ τοὔνομα συμφέρεται,
ἔστ' ἔπεσον παρὰ θῖνας Ἰουλίδας, ὄφρα γένωμαι
  σοὶ τὸ περίσκεπτον παίγνιον, Ἀρσινόη,
μηδέ μοι ἐν θαλάμῃσιν ἔθ' ὡς πάρος (εἰμὶ γὰρ ἄπνους)
  τίκτηται νοτερῆς ᾤεον ἀλκυόνος.   (Kall. *ep.* 5 Pfeiffer)

---

dürfte sich das Grundwort κανών auf das Tuch als Zahlungsmittel beziehen (vgl. *Pfennig* < *pannus* (‚Tuchstreifen').

[108] *At tu, qui rutilis eques sub armis / Dextra belligeram levas securim, / Cuius splendida marmorum columnis / <u>Sudarunt</u> <u>liquidum</u> sepulchra <u>nectar</u>, / nostrum rite favens iter secunda* (*Abschied von Großwardein*, V. 37–41).

[109] Vgl. Török 2008, S. 202.

Eine Schnecke bin ich, o Zephyritis, ehedem ein Wunder, jetzt aber besitzest du mich, Kypris, als erste Weihgabe der Selenaia. Einstmals habe ich als Nautilus (‚Schiffer') die Meere durchstreift, und wenn es wehte, setzte ich meinen häuslichen Wanten die Segel, wenn jedoch Windstille herrschte, diese glanzvolle Göttin,[110] ruderte ich mit meinen Beinen – so entspricht der Wahrheit mein Name –, bis ich bei Iulis[111] das Ufer gewann, um dort dir, Arsinoe, ein allseits bewundertes Spielzeug zu werden, auf dass in meinen Schlafgemächern, leblos wie ich bin, kein Ei des feuchten Eisvogels bebrütet werde.

Die Präsentation der Adressatin ist nicht weniger spektakulär und kunstvoll, als sie es bei Poseidippos gewesen war. Im ersten Distichon ist der kultische Name im Vokativ zu lesen: Ζεφυρῖτι [...] / Κύπρι. Am Ende des Gedichtes ergänzt sich dies um ‚Arsinoe' (V. 8) samt dem Personalpronomen (σοὶ).

Über die historischen Realien hinaus haben alle drei Epigramme das Interesse an einem wichtigen Zug der ptolemäischen Ideologie gemeinsam – ziemlich explizit bei Poseidippos, in Form von feinen Anspielungen bei Kallimachos. Gutzwiller hat den Beweis geführt, dass im Hintergrund des Nautilus-Gedichtes die Hochzeit der Dedikantin steht, die von Keos, ihrer Heimatinsel, nach der ägyptischen Stadt gewandert ist, um dort eine Ehe einzugehen.[112] Das Motiv der Liebe und des ehelichen Bundes ist aber nicht zufällig, sondern steht mit dem Kypris-Bezug der Arsinoe im Zusammenhang. Auch der Eisvogel, die andere Tiergestalt im Epigramm, bestätigt diese Symbolik. Die amerikanische Forscherin hat darauf hingewiesen, dass sich Kallimachos wohl der bei Aristoteles und Antigonos von Karystos bezeugten Vorstellung bediene, derzufolge der Eisvogel ein Symbol der ehelichen Treue sei: Das Weibchen pflege das alt gewordene und flugunfähige Männchen auf dem Rücken zu tragen.[113]

---

[110] Hinweis auf Leukothea, die Retterin der Schiffbrüchigen – das Attribut ‚weiß' ist eine stehende Eigenschaft sämtlicher mythischer Rettergestalten. Vgl. Radke 1937. Der gutes Wetter verheißende Leukonotos (eine Variante des Südwindes) ist mit Arsinoe in Zusammenhang zu bringen (vgl. Kall. *fr.* 228. 51 f.). Wenn sich auch λιπαρὴ θεός auf Arsinoe bezieht, was aufgrund des Attributs Zephyritis plausibel ist, dann erscheint auch hier die Adressatin als an der Beförderung des Gegenstandes beteiligt, ebenso wie bei Poseidippos das glatte Meer zur glücklichen Landung der Leier Arions beiträgt (vgl. *ep.* 37. 4: λευκὰ περᾷ πελά[γη).

[111] Keos besaß vier Städte, wie es sich bei einer ionischen Insel gehörte (die Vierteilung war eine allgemeine Charakteristik der ionischen Stämme). Diese zählt Kallimachos in seiner Keos-bezogenen Akontios-Elegie namentlich auf (*Ait. fr.* 75. 71–74: Iulis, Karthaia, Koresion, Poiessa).

[112] Gutzwiller 1992.

[113] Es ist nicht auszuschließen, dass das Motiv aus einem Missverständnis einer Stelle eines Gedichtes Alkmans (*fr.* 26) herrührt. Der (alters)müde Eisvogel (κήρυλος) fliegt ἅμ' ἀλκυόνεσσι (V. 4), was man auch wörtlich verstehen kann (auf ihrem Rücken, nicht nur

Diese Gedichte beweisen, dass aus Arsinoes Gestalt ein starker Zauber hervorgegangen sein dürfte, der sich auch nach ihrem Tod nicht verflüchtigte und später verschiedene Autoren dazu inspirierte, ihrem Kult in Form von geistreichen Huldigungsgedichten ein Denkmal zu setzen. Im Folgenden werden wir den Spuren dieser nachhaltigen Wirkung noch begegnen.

in ihrer Gesellschaft). Der Interpretationsfehler wurde damit zu einem zoologischen Paradoxon.

3.3 Kallimachos

Kallimachos von Kyrene ist vielleicht der vielseitigste und intellektuellste Schöpfer der alexandrinischen Literatur, der spätestens bis zur Zeit der Römer zum Inbegriff dessen geworden ist, was die hellenistische Literatur in ihrer reinsten Ausprägung darstellt. Nach der biographischen Tradition begann er seine Karriere als Hofpage (νεάνισκος αὐλῆς), und mit der Zeit soll er immer ansehnlichere Positionen am Ptolemäerhof erlangt haben, um es schließlich zu einem in der Wolle gefärbten *arbiter elegantiarum* zu bringen, dessen Autorität in Fragen des literarischen Geschmacks weit über das Museion hinausreichte, obgleich er dort interessanterweise nie zu einem Hauptbibliothekar avancierte. Er blieb ein arrivierter Künstler auch in seinem höheren Alter, zur Zeit des Ptolemaios III. Euergetes und der Berenike II. Von seinem umfang- und facettenreichen poetischen Œuvre haben wir bisher ein Epigramm, eine Passage des Delos-Hymnos und die Schlusselegie der *Aitien* (‚Die Locke der Berenike') in Augenschein genommen. Nun kehren wir zu seinen Hymnen zurück, deren Chronologie unsicher ist, die aber, so viel steht fest, alle zur reifen Schaffensperiode des Dichters gehören. Im Gesamtwerk, dessen Einteilung wohl auf den Dichter selbst zurückzuführen ist, bilden die Hymnen einen eigenen Zyklus. An den vier Büchern der *Aitia* wird Kallimachos wohl sein ganzes Leben lang gearbeitet haben. Die ersten beiden Bücher hat er gesondert herausgegeben zur Zeit der Arsinoe II., die letzten beiden erst später, als Berenike II. auf dem Thron saß – diese Abfolge ist aus der Struktur der beiden Dyaden herauszulesen, da die Widmung an jeweils eine Königin den Rahmen dieser Bücher bildet.[114] Wir werden uns aus dem dritten Buch, das mit dem berühmten elegischen Epinikion über Berenikes nemeischen Wagensieg eröffnet wird, die Liebesgeschichte ‚Akontios und Kydippe' näher anschauen. Das Kapitel wird abgerundet durch die Behandlung eines höfischen Gelegenheitsgedichts (*Ektheosis Arsinoes*), das ein weniger bekanntes (und leider sehr fragmentarisches) Zeugnis von der hohen Kunst ablegt, mit der der Dichter ein konventionelles Thema auf eine unverwechselbar individuelle Weise meistert.

---

[114] Vgl. Parsons 1977.

3.3.1 Götterhymnen

Bei der Überlieferungsgeschichte der hellenistischen Literatur (Kapitel 2.1) haben wir gesehen, dass die kallimacheischen Hymnen in die vornehme Tradition griechischer Hymnendichtung integriert wurden, was ihre Erhaltung gewährleistete. Der Hexameter war ein echter „Renner" in der hellenistischen Periode. Was den Inhalt anbelangt, dürfte die Literarisierung einer ursprünglich kultischen Gattung eine willkommene Herausforderung für einen Dichter vom Rang eines Kallimachos gewesen sein. Wenn nun so ein Hymnos, wie der kallimacheische, unbeschadet seines schriftlich fixierten Charakters Züge der oralen Dichtung zeigt, dann ist das ein besonderer Kunstgriff, den der Dichter vor allem in seinen sog. ‚mimetischen' Hymnen anwendet (*h.* 2, 5 und 6): Diese erwecken den Anschein, dass sie einen rituellen Vorgang widerspiegeln. Die älteren Forscher sind diesem vorgetäuschten performativen Szenario auf den Leim gegangen, als hätte der Dichter tatsächlich eine Kulthandlung *in actu* geschildert, bis erwiesen wurde, dass sich die verschiedenen Handlungsmomente weder räumlich noch zeitlich miteinander harmonisieren lassen, sondern fiktiv sein müssen.[115] Die moderne Forschung versucht, eine konziliante Lösung zu finden, und meint, das Fehlen der umweltlichen Denotate (*deixis ad oculos*) hebe die deiktischen Elemente nicht auf, weise ihnen nur einen fiktiven Bezug (*deixis am phantasma*) zu. Dies bedeutet, dass der dichterische Text des Lesehymnos eine eigene, fiktionelle „Realität" *sui generis* aus sich heraus erschafft, was mit der realen Außenwelt nicht oder nur mit losen Fäden (etwa durch ein kultisches Zeremoniell, das auch ein dicherisches Vorlesen beinhaltet haben dürfte) zusammenhängt.[116] Die Erschaffung einer poetischen Wirklichkeit bedeutet auch, dass das Hymnenbuch ein wohlkonstruiertes Ganzes bildet, das aus künstlerischen, aber auch aus Ökonomiegründen dem Dichter selbst als dem Redaktor seines eigenen Œuvre zuzuschreiben ist. Es würde eine eingehende Untersuchung verdienen, welche inneren Bezüge die nicht besonders umfangreiche Sammlung durchwalten. In diesem Kapitel wollen wir indes die Hymnen aus einem anderen Blickwinkel anschauen – und dies wird Kallimachos' Originalität keinerlei Abbruch tun. Der Gegenstand der homerischen Hymnen war die rein-mythische Götterwelt. Demgegenüber reichert Kallimachos – darin besteht seine Eigenheit – fast jeden Hymnos mit zeitpolitischen Hinweisen an: Damit werden Mythos und Geschichte aufeinander bezogen.

---

[115] Legrand 1901.
[116] Petrovic 2007.

3.3.1.1 Zeus

Das erste Gedicht der Sammlung ist der Zeus-Hymnos, dessen Anlass nach einer einflussreichen Forschungsmeinung auf das Jahr 285 v. Chr. zurückzuführen ist, in dem der Geburtstag des Königs und sein Antritt der Regentschaft mit dem kultischen Fest ‚Basileia' zusammenfielen.[117] Die Verherrlichung des Herrschers auf Erden mag die ideale Gelegenheit gewesen sein, den König auf dem Olymp und seine Geburt (γοναί) zu besingen.[118] Der erste Vers des Prologs entwirft ein (fiktives?) Szenario: ein höfisches Gelage (παρὰ σπονδῇσιν), an dem der Hymnos zur Aufführung gelangt. Es kommt einem ironischen Zuge gleich, dass die Festlegung der Geburtsstätte des Gottes (zusammen mit dem angeblichen Grabmal) eine philologische Streitfrage (Arkadien oder Kreta) in Erinnerung ruft. Die Formulierung ist zugleich eine Variation des altangestammten Topos hymnischer Aporie. Indessen seien alle Kreter Lügner: Das Paradoxon des Kreters Epimenides beschließt die Erörterung, selbst dazu angetan, ein gerüttelt Maß an ironischer Verunsicherung zu schaffen:

> Ζηνὸς ἔοι τί κεν ἄλλο παρὰ σπονδῇσιν ἀείδειν
> λώϊον ἢ θεὸν αὐτόν, ἀεὶ μέγαν, αἰὲν ἄνακτα,
> Πηλαγόνων ἐλατῆρα, δικασπόλον Οὐρανίδῃσι;
> πῶς καί νιν, Δικταῖον ἀείσομεν ἠὲ Λυκαῖον;
> ἐν δοιῇ μάλα θυμός, ἐπεὶ γένος ἀμφήριστον.
> Ζεῦ, σὲ μὲν Ἰδαίοισιν ἐν οὔρεσί φασι γενέσθαι,
> Ζεῦ, σὲ δ' ἐν Ἀρκαδίῃ· πότεροι, πάτερ, ἐψεύσαντο;
> 'Κρῆτες ἀεὶ ψεῦσται'· καὶ γὰρ τάφον, ὦ ἄνα, σεῖο
> Κρῆτες ἐτεκτήναντο· σὺ δ' οὐ θάνες, ἐσσὶ γὰρ αἰεί.
>
> (*h*. 1. 1–9)

Was könnte man Besseres beim Gelage besingen, als den Gott selbst, den ewig Herrlichen, den zeitlosen Herrscher, den Vertreiber der Giganten, den Gesetzgeber der olympischen Götter? Wie soll ich dich besingen, als dikteisch oder arkadisch? Meine Seele ist im Zweifel, denn dein Geburtsort ist umstritten. Einige behaupten, dass du auf dem Ida-Berge das Licht der Welt erblicktest, Andere schwören auf Arkadien. Wer hat gelogen, Vater? ‚Die Kreter sind immer Lügner.' – Waren es doch, mein Herr, die Kreter, die dir ein Grabmal gebaut haben, wo du doch nicht gestorben bist, sondern immer lebst.

Der Begriff der ewig existierenden (ἐσσὶ [...] αἰεί) Gottheit lenkt die Gedanken zurück zur Geburt des Zeus in Arkadien. Ewigsein und Geborenwerden sind hier keine Gegensätze, weiß man doch aus den homerischen Hymnen, dass sogar die ewig lebenden Götter eine Art ‚Biographie' haben. Arkadien – so geht die Erzählung weiter – war vollkommen öde und dürr, als Rheia, Mutter des Zeus, Wasser

---

[117] Clauss 1986.
[118] Zur Analogie zwischen Gott und König vgl. oben das Theokrit-Kapitel (3.1).

quellen ließ, damit die Geburt glimpflich vonstatten gehen konnte. Man wohnt also einer Doppelgeburt bei: Zuerst muss Mutter Erde Wasser gebären, sodass die Titanide ihr Kind gebären kann, was Rheia durch einen Schlag mit ihrem Stab auf den Boden bewerkstelligt (V. 29–32).[119] Man hat im Wasserfund ein ägyptisches Einsprengsel entdecken wollen, wodurch der Dichter auf die kultischen Funktionen des Pharao hindeuten könnte. Dies würde Ptolemaios Philadelphos mit seinem autochthonen Gegenpart gleichsetzen,[120] auf jeden Fall wäre damit die politische Lesart des Hymnos gegeben. Dieses Programm wird in der zweiten Hälfte des Gedichts eindringlich, wo nach dem Hesiod-Zitat (V. 79 = *theog.* 96: ἐκ δὲ Διὸς βασιλῆες) und dem Hinweis auf die Göttlichkeit des Herrschers (V. 79 f.: ἐπεὶ Διὸς οὐδὲν ἀνάκτων / θειότερον) der irdische König paradoxerweise als Paradigma für Zeus herangezogen wird (V. 85 f.: ἔοικε δὲ τεκμήρασθαι / ἡμετέρῳ μεδέοντι), zumal ihm eine fast göttliche Schnelligkeit sowie Wirksamkeit eignet.

Im Epilog wird der besungene Gott folgendermaßen verabschiedet:

χαῖρε μέγα, Κρονίδη πανυπέρτατε, δῶτορ ἐάων,
δῶτορ ἀπημονίης. τεὰ δ' ἔργματα τίς κεν ἀείδοι;
οὐ γένετ', οὐκ ἔσται· τίς κεν Διὸς ἔργματ' ἀείσει;   (*h.* 1. 91–93)

Heil dir vielmals, erhabenster Gott, Spender von Gaben, Geber von Unversehrtheit! Wer wäre imstande, deine Taten zu besingen? Er ist nicht geboren worden noch wird er es sein! Wer wird die Taten des Zeus besingen?

Wenn zuvor der Dichter Ratlosigkeit vorgetäuscht hat in Bezug darauf, wie der Adressat am besten anzureden sei (V. 4: πῶς καί νιν, Δικταῖον ἀείσομεν ἠὲ Λυκαῖον), scheint er es hier für schier unmöglich zu halten, die Taten des Zeus gebührend zu verherrlichen. Diese beinahe metaphysische Skepsis erinnert an den philosophischen Ansatz in einem Fragment des Xenophanes von Kolophon:

καὶ τὸ μὲν οὖν σαφὲς οὔτις ἀνὴρ ἴδεν οὐδέ τις ἔσται
εἰδὼς ἀμφὶ θεῶν τε καὶ ἄσσα λέγω περὶ πάντων·
εἰ γὰρ καὶ τὰ μάλιστα τύχοι τετελεσμένον εἰπών,
αὐτὸς ὅμως οὐκ οἶδε· δόκος δ' ἐπὶ πᾶσι τέτυκται.   *fr.* 35. 1–4 G–P (= 34 D–K)

Das Genaue hat aber kein Mensch aus eigener Anschauung erfahren, noch wird einer erfahren, was die Götter und alles Andere betrifft, das ich darlegen werde. Denn selbst wenn es ihm gelänge, sich am vollkommensten auszudrücken, weiß er es doch nicht, und es ist nur die blinde Meinung, die allem anhaftet.

---

[119] Die nur einen einzigen Vers füllende *oratio recta* der Göttin (V. 29: 'Γαῖα φίλη, τέκε καὶ σύ· τεαὶ δ' ὠδῖνες ἐλαφραί.') erinnert an Theokrits 17. Idylle, wo die Insel Kos den neugeborenen Ptolemaios ermutigt, den Leib seiner Mutter zu verlassen (V. 66–70). Im Delos-Hymnos des Kallimachos richtet die Insel eine ähnliche Aufforderung an den embryonalen Apoll (*h.* 4. 214).

[120] Stephens 2003, S. 110–112.

Wenn man die von Plutarch (*de aud. poet.* 2. 17E) zitierte Textfassung (οὔτις ἀνὴρ γένετ᾽ οὐδέ τις ἔσται εἰδώς) berücksichtigt, dann ist die Ähnlichkeit noch größer. Die inhaltliche Übereinstimmung leuchtet auf Anhieb ein: Wie Xenophanes die menschliche Erkenntnis vor allem in Bezug auf die Götterwelt für begrenzt hält, so erachtet Kallimachos seine Fähigkeit, die Taten des höchsten Gottes zu verherrlichen, für unzulänglich, wie wenn er die allgemeinen Aussagen des Xenophanes – *a fortiori* – auf ein engeres Betätigungsfeld des Menschen, das des lobenden Dichters, bezöge. Was bei Xenophanes abstraktes (wenn man will, philosophisches) Wissen ist, kommt bei Kallimachos dem Preis des Gottes gleich. Das Moment des Preisens wird durch die Formen des Verbums ἀείδειν zum Ausdruck gebracht. Es bleibt zu erwägen, ob im Verb ἀείδοι vielleicht ein Reflex des xenophaneischen εἰδώς zu erblicken wäre, wodurch die beiden epistemologischen Ebenen, Erkenntnis und Lobpreis, in Deckung gebracht würden.

Während diese Annahme einigermaßen unsicher, wiewohl ansprechend, ist, unterliegt es keinem Zweifel, dass die Verben ἀείδοι und ἀείσει eine der gerade in Kallimachos' Hymnen so häufigen poetischen Etymologien bergen. Die erste Silbe des Verbs kann nämlich mit dem Adverb ἀεί in Verbindung gebracht werden. So wird der Gesang auf seine Fähigkeit hin charakterisiert, den ewigen Göttern zu Ehren Ewiges zu stiften. Die Wendung scheint Hesiod eingeführt zu haben, den die Musen zur Verherrlichung der Unsterblichen bestellen: καὶ μ᾽ ἐκέλονθ᾽ [sc. Μοῦσαι] ὑμνεῖν μακάρων γένος αἰὲν ἐόντων, / σφᾶς δ᾽ αὐτὰς πρῶτόν τε καὶ ὕστατον αἰὲν ἀείδειν (*theog.* 33 f.). Kallimachos übernimmt die von Hesiod geprägte Formel, jedoch in entgegengesetztem Sinne: Nach seiner Auffassung kann der Sterbliche unmöglich an den Gott heranreichen, weder in seinen Taten noch in seinem Gesang; er ist nicht imstande, den Ewigen ein ewiges Denkmal zu setzen (ἀεί–δειν). Dass ein derartiges Spiel mit ἀείδειν und ἀεί tatsächlich vorliegt, bezeugt der Prolog des Hymnos. So ergibt sich, was Anfang und Ende anbelangt, ein umrahmendes Gebilde. Während aber im Epilog das Motiv negativ angehaucht erscheint, ist der Beginn des Gedichts vollauf zuversichtlich.

Es wird auch kein Zufall sein, dass als erstes Wort des Hymnos der Name des Gottes (Ζηνός) genannt wird, als wäre er tatsächlich das Erste, dessen sich der Dichter entsinnen kann. Im letzten Prologvers (V. 9) wird dann vom Gott prädiziert: ἐσσὶ […] αἰεί. Auch der Prolog weist also eine umrahmende Struktur auf, wodurch die Wendungen Ζηνός und ἐσσὶ […] αἰεί in Parallele gesetzt werden. Wenn man ihr Verhältnis zueinander genauer fassen will, scheint ἐσσὶ […] αἰεί den Stamm von Ζηνός (Ζην-) etymologisch erklären zu wollen, der dann ‚Lebend(ig)-es' bedeuten wird,[121] was markant den über seinen Tod kolportierten Gerüchten (V. 8 f.) widerspricht.

---

[121] Vgl. Plat. *Kratyl.* 396 A–B (δι᾽ ὃν ζῆν ἀεὶ πᾶσι τοῖς ζῷσιν ὑπάρχει). Zur Verknüpfung der anderen Stammform mit der Präposition διά vgl. Hes. *erg.* 2 f. (Δί᾽ / ὅν … διά).

Die Ewigkeit des Gottes verbindet sich augenfällig – wie auch im Epilog – mit der Unvergänglichkeit des Gesangs/Hymnos (V. 1: ἀείδειν ~ V. 2: ἀεί ~ αἰέν ~ V. 9: αἰεί). Eine bewusst erzielte Anordnung kann auch darin entdeckt werden, dass das erste Wort des ersten Verses der Gott, das letzte das (ewige) Besungenwerden ist. Dasselbe Wortspiel kehrt bei Kallimachos im Artemis-Hymnos bei einer Invokation der Göttin wieder: μέλοι δέ μοι αἰὲν ἀοιδή (h. 3. 137), fernerhin im Zeus-Hymnos des Kleanthes von Assos: τῷ σε καθυμνήσω καὶ σὸν κράτος αἰὲν ἀείδω (fr. 537 [h. Iov.] 6). Besonderes Interesse verdient eine Lukrez-Stelle, in der der ebenfalls wortspielfreudige römische Dichter Anleihen bei Kallimachos gemacht zu haben scheint:

> Ennius [...], qui primus amoeno
> detulit ex Helicone perenni fronde coronam,
> per gentis Italas hominum quae clara clueret;
> etsi praeterea tamen esse Acherusia templa
> Ennius aeternis exponit versibus edens [...]
>
> (Lucr. 1. 117–121)

Ennius [...], der sich als Erster vom lieblichen Helikon einen Kranz von immergrünem Blatt geholt hat, der unter den italischen Völkern großen Ruhm erlangen sollte, wenngleich er außerdem in seinen ewigen Gedichten die Lehre verkündet, dass die acherusischen Tempel (= die Unterwelt) dennoch existieren.

Man hat bereits darauf hingewiesen, dass Lukrez den Namen des Ennius aufgrund der phonetischen Gleichheit mit dem Attribut *perennis* in Eins hört.[122] Es wurde aber nicht hervorgehoben, dass sich das Spiel mit dem Motiv der Ewigkeit im Vers 121 auf der semantischen Ebene fortsetzt. Es ist nicht undenkbar, dass bei der Wendung *aeternis versibus* kein anderer denn Kallimachos mit seiner Gleichung von ἀείδειν und ἀεί Pate gestanden hat. Dies ist umso wahrscheinlicher, als Lukrez an anderem Ort Zeugnis über seine genaue Kenntnis des Zeus-Hymnos des Kallimachos ablegt, indem er eines der darin vorkommenden ἔτυμα abwandelt.[123]

Aber nun zurück zum Hymnos selbst! Mithilfe der Xenophanes-Allusion suggeriert der Dichter, dass nichts anderes als die Sterblichkeit des Menschen schuld daran ist, dass man das göttliche Wesen weder begreifen (εἰδέναι) noch gebührend besingen (ἀείδειν) kann. Noch muss die Frage untersucht werden, ob dieser Gedankengang der Stilsignatur der Gattung gerecht wird, und wenn dies der Fall sein soll, inwieweit diese Gattungskonventionen spielerisch reflektiert und dadurch zugleich umgebogen werden. Fingierter Kleinmut und inszeniertes Ohnmachtsbe-

---

Beide Wortspiele kommen beim Stoiker Chrysippos vor (SVF II S. 1062). Siehe auch Ael. Arist. *or.* 43. 23 Keil.

[122] Vgl. Gale 2001, S. 168 mit weiterer Literatur.

[123] Lucr. 2. 635 f.: *pueri* (κοῦροι) ... *armati* ~ Kall. *h.* 1. 52/54: Κούρητες ... σεο κουρίζοντος (Etymologie der Kureten).

kenntnis des Sängers sind bei genauerem Besehen ausgewiesen hymnische Motive.[124] Der klassische Archetyp dieses Topos ist die Musenanrufung des homerischen Schiffskatalogs:

Ἔσπετε νῦν μοι Μοῦσαι Ὀλύμπια δώματ᾽ ἔχουσαι —
ὑμεῖς γὰρ θεαί ἐστε πάρεστέ τε ἴστε τε πάντα,
ἡμεῖς δὲ κλέος οἶον ἀκούομεν οὐδέ τι ἴδμεν —,
οἵ τινες ἡγεμόνες Δαναῶν καὶ κοίρανοι ἦσαν·
πληθὺν δ᾽ οὐκ ἂν ἐγὼ μυθήσομαι οὐδ᾽ ὀνομήνω,
οὐδ᾽ εἴ μοι δέκα γλῶσσαι, δέκα δὲ στόματ᾽ εἶεν,
φωνὴ δ᾽ ἄρρηκτος, χάλκεον δέ μοι ἦτορ ἐνείη,
εἰ μὴ Ὀλυμπιάδες Μοῦσαι Διὸς αἰγιόχοιο
θυγατέρες μνησαίαθ᾽ ὅσοι ὑπὸ Ἴλιον ἦλθον·

(Hom. *Il.* 2. 484–492)

> Nun sagt mir an, Musen, die ihr den Olymp bewohnt – ihr seid nämlich Götter, seid gegenwärtig und wisst alles [habt alles gesehen], wir aber vernehmen es nur vom Hörensagen und wissen nichts –, wer waren denn die Anführer und Häuptlinge der Danaer? Deren Menge könnte ich nicht aufzählen noch benennen, selbst wenn mir zehn Zungen, zehn Münder zu Gebote stünden, meine Stimme unermüdlich wäre und in meiner Brust ein ehernes Herz schlüge, wenn nicht die olympischen Musen, Töchter des Zeus, erzählen würden, wie viele sich unter Ilion begeben hatten.

Hier steht dem unfehlbaren Wissen der Musen, die allem *qua* Augenzeuginnen beigewohnt hatten (man beachte in πάρεστέ τε ἴστε τε das Spiel mit dem Stamm des Seins, Sehens und Wissens), das vollends unverbürgte der Sterblichen, die alles nur vom Hörensagen (κλέος) wissen, gegenüber. Der Gegensatz zwischen Gott und Mensch ist also epistemologischer Art, was stark an Xenophanes erinnert: Das homerische ἴστε entspricht dem von Xenophanes dem Menschen aberkannten unmittelbaren Gewahrwerden durch Sinnesorgane, das κλέος dem xenophaneischen δόκος als Ausdruck des durch die *ratiocinatio* vermittelten Erkenntnisvorgangs. Der wichtigste Unterschied besteht darin, dass es bei Homer nicht auf die Erkenntnis des Transzendentalen ankommt. Der Gegensatz ist aber nicht nur qualitativer, sondern auch quantitativer Art: Während den Musen Allwissenheit eignet, gebricht es dem Menschen am Überblick über die Ganzheit der Gegenstände (πληθύν). Deshalb ist man prinzipiell außerstande, alles zu erzählen, auch wenn sich die physischen Kräfte um ein Vielfaches vergrößern würden.[125]

---

[124] Zum Nachleben des Motivs als ‚Bescheidenheitstopos' oder ‚Unfähigkeitsbeteuerung' vgl. Curtius [11]1993, S. 412–414 (Exkurs II: Devotionsformel und Demut).

[125] Zur Rezeption des Concettos vgl. Verg. *georg.* 2. 42–44 und *Aen.* 6. 625–627. Den Topos der Vervielfachung der Sprechorgane benutzt auch Wolfram von Eschenbach im Prolog seines *Parzifal*: „Nu lât mîn eines wesen drî, / der ieslîcher sunder phlege / daz

Selbstverständlich wird die Spannung dadurch aufgelöst, dass die Musen für den Erzähler in die Bresche springen. Dieser homerische Invokationstopos lebt als hymnisches Motiv in zweifacher Gestalt weiter. Die πληθύς-Thematik setzt sich an jenen Stellen fort, die auf die Unerschöpflichkeit eines Gegenstandes abheben. Dies kann – in unmittelbarer Nähe zum homerischen Vorbild – im Zeichen der Aporie stehen, wenn der Hymnosdichter angesichts der fast unbegrenzten Vielfalt des Themas durch eine oder mehrere Fragen[126] Verlegenheit und Unschlüssigkeit vortäuscht. Hier einige charakteristische Beispiele:

> Πῶς τάρ σ' ὑμνήσω πάντως εὔυμνον ἐόντα;
> πάντῃ γάρ τοι, Φοῖβε, νομοὶ βεβλήαται ᾠδῆς [...]   (Hom. h. Ap. 19 f.)

> Wie sollte ich dich, den durchaus leicht zu Besingenden, besingen? Ist dir doch, Apoll, das Gefilde[127] des Gesangs allenthalben geebnet!

Und die Fortsetzung bei Kallimachos:

> πῶς καί νιν, Δικταῖον ἀείσομεν ἠὲ Λυκαῖον;   (h. 1. 4)

> Wie sollen wir ihn verherrlichen, als Kreter oder als Arkader?

> εἰ δὲ λίην πολέες σε περιτροχόωσιν ἀοιδαί,
> ποίῃ ἐνιπλέξω σε; τί τοι θυμῆρες ἀκοῦσαι;   (h. 4. 28 f.)

> Wenn dich aber durchaus viele Gesänge umranken, mit welchem Lied soll ich dich zieren? Was würde dein Herz am meisten erwärmen?

Eine weitere Spielart des Motivs stellt nicht die durch die Überfülle des Materials verursachte Benommenheit (*embarras de richesse*) in den Vordergrund, sondern die Leichtigkeit, mit der sich an dem Gegenstand das zu Besingende finden lässt. Ein Wahrzeichen dieses Topos ist das Attribut εὔυμνος, dem wir bereits oben bei dem homerischen Apoll-Hymnos begegnet sind. Hier noch einige Beispiele aus den Hymnen des Kallimachos:

---

mîner künste widerwege: / dar zuo gehôrte wilder funt, / op si iu gerne tæten kunt / daz ich iu eine künden wil. / si heten arbeite vil" (I 4. 2–8).

[126] Zur einer die unbegrenzte Fülle reflektierenden Ergänzungsfrage vgl. Pind. O. 2. 2 und später den Barockdichter Paul Gerhardt in seinem christlichen Hymnos *Wie soll ich dich empfangen*, wo Jesus als Inspirationsquelle an die Stelle der antiken Muse tritt: „Wie soll ich dich empfangen / Und wie begegn' ich dir? / O aller Welt Verlangen, / O meiner Seelen Zier! / O Jesu, Jesu, setze / Mir selbst die Fackel bei, / Damit, was dich ergötze, / Mir kund und wissend sei."

[127] Hier wohl ein unübersetzbares Spiel mit den verwandten Wörtern νόμος („Regel' /'Nomos als musikalische Form') und νομός („Weide', „Wiese'). Zur Metapher der „Musenweide' vgl. Kall. *fr. Ait.* 112. 9.

οὐδ' ὁ χορὸς τὸν Φοῖβον ἐφ' ἕν μόνον ἦμαρ ἀείσει,
ἔστι γὰρ <u>εὔυμνος</u>· τίς ἂν οὐ <u>ῥέα</u> Φοῖβον ἀείδοι;   (h. 2. 30 f.)

Der Chor wird Apoll nicht nur einen einzigen Tag lang besingen, ist es doch ein Leichtes, ihn zu verherrlichen. Wer würde Apoll nicht leicht besingen?

ἢ μὲν ἅπασαι
Κυκλάδες, αἳ νήσων ἱερώταται εἰν ἁλὶ κεῖνται,
<u>εὔυμνοι</u>· Δῆλος δ' ἐθέλει τὰ πρῶτα φέρεσθαι
ἐκ Μουσέων.   (h. 4. 2–5)

Wahrlich sind alle Kykladen, die als heiligste aller Inseln im Meer liegen, leicht zu besingen. Delos aber will an der ersten Stelle rangieren im Wettstreit um die Musengaben.

Eine dritte Erscheinungsform – sozusagen die Moll-Schwester – desselben Topos ist diejenige, die Kallimachos am Ende des Zeus-Hymnos anwendet. Hier findet die rhetorische Frage keine Auflösung, der Dichter stellt sich ratlos („wie kann man die göttliche Vollkommenheit in Worte fassen?") und die Dissonanz bleibt bestehen – was selbstverständlich ebenfalls nach Manier anmutet, da das fertige Kunstwerk gegen die vorgespielte Unfähigkeit spricht. Ein schön ausformuliertes Beispiel für diese Strategie bietet der vorhin zitierte römische Dichter in einem den neuen „Gott" Epikur preisenden Prolog:

<u>quis potis est</u> dignum pollenti pectore carmen
condere pro rerum maiestate hisque repertis?
<u>quisve valet</u> verbis tantum, qui fingere laudes
pro meritis eius possit, qui talia nobis
pectore parta suo quaesitaque praemia liquit?
<u>nemo</u>, ut opinor, erit <u>mortali corpore cretus</u>.
nam si, ut ipsa petit maiestas cognita rerum,
dicendum est, <u>deus ille fuit, deus</u>, inclyte Memmi,
qui princeps vitae rationem invenit eam, quae
nunc appellatur sapientia, quique per artem
fluctibus e tantis vitam tantisque tenebris
in tam tranquillo et tam clara luce locavit.
     (Lucr. 5. 1–12)

Wer ist in der Lage, ein Gedicht zu verfassen, das des Talentes des Dichters würdig und der Herrlichkeit der Dinge sowie diesen Erkenntnissen angemessen wäre? Wer ist aber auch wortmächtig genug, um jenen angemessen nur zu loben, der uns diese durch Geisteskraft gewonnenen und ausgefochtenen Siegespreise vermacht hat? Kein Sterblicher, glaube ich, wird das leisten können. Denn wenn es gilt, zu sagen, wie es die erkannte Erhabenheit des Weltalls gebietet, war es ein Gott, ein Gott war es, berühmter Memmius, der als Erster das Wesen des Lebens entdeckt hat, das heute Philosophie genannt wird, und der durch seine Kunst das Leben aus so großen Wogen und so vielen Schatten in ein so ruhiges und klares Licht versetzt hat.

Es ist bekannt, dass Lukrez im ersten Vers auf die den Prolog des sechsten Buches einleitende Frage des Ennius anspielt (*fr.* 164 [174] Skutsch: *quis potis ingentis oras evolvere belli?*).[128] Hier kommt es allerdings nicht auf diese Allusion an, sondern auf die Verwertung des Motivs der beschränkten Dichterkraft. Zudem wird dieser Gedanke in der Lukrez-Passage polyphon ausgeführt. Der Dichter hält es für ein verwegenes Unterfangen, die Wunder des Weltalls angemessen zu besingen (V. 1 f.). Damit sind wir beim Thema des Xenophanes-Fragments. Weiterhin wird als ein über das Menschenmögliche hinausgehendes Ansinnen dargestellt, jenen Kulturheros zu loben, dem die kühne Tat der Welterkenntnis gelungen ist (V. 3–5). Offensichtlich kann sich dessen kein Mensch (V. 6: *nemo* […] *mortali corpore cretus*) erdreisten. Dies ist auch der zentrale Gedanke des Epilogs des Zeus-Hymnos. Der Dichter, der Unfähigkeit vorgibt, ist Lukrez selbst, derjenige hingegen, den es zu verherrlichen gälte, Epikur. Da es ihm gelang, die Erhabenheit des Universums kraft seiner Vernunft zu durchdringen, ist er ein Gott zu nennen (V. 8: *deus* durch Epanalepse nachdrücklich gemacht; vgl. auch V. 49–54). Diese ideelle Apotheose des Philosophen ergibt sich nicht nur aus der Hochachtung Lukrezens, der jenen, der die Menschheit vom falschen Götterbild erlöst hat, göttlicher Ehren teilhaftig werden lässt, sondern der Dichter scheint dadurch auch die Konsequenz aus der Verwendung eines hymnischen Motivs gezogen zu haben: Zumal der Gepriesene im Hymnos notwendig ein Gott ist, wird auch der mit hymnischen Mitteln gepriesene Epikur zum Gott hochstilisiert.

Wenn also Kallimachos in den Versen 91 f. seine Unfähigkeit beteuert, bedient er sich eines ehrwürdigen Topos der Gattung. Seine Originalität aber, Überkommenes umzumünzen, ist kaum zu verkennen. Dazu greift er auf die philosophische Lesart des Motivs, den Gegensatz zwischen der menschlichen Ohnmacht und der göttlichen Vollkommenheit, zurück, womit zugleich die homerische Stelle als archetypischer *locus communis* heraufbeschworen wird, an der ebenso die Ohnmacht des Sängers im Vordergrund steht. Kallimachos nutzt also nicht nur den Topos, sondern reflektiert auch auf dessen Ursprung. Dies gattungsbewusste Verfahren ist ein Wesensmerkmal des alexandrinischen Dichters. Dass er die Gattungsanalyse durch die Akzentuierung des philosophischen Gehalts unternimmt und dazu das Motiv in eine Xenophanes-Anspielung kleidet, erklärt sich über die hellenistische Vorliebe für die Polyeideia. Xenophanes war vor allen Dingen als Begründer der Silloi-Gattung unter den hellenistischen Dichtern hochgeschätzt, nicht zuletzt bei Timon von Phlius.[129] Er könnte auf die Iamben des Kallimachos Einfluss gehabt haben, dies ist aber alles andere als gesichert. Als Fazit halten wir

---

[128] Vgl. Skutsch 1986, S. 329 ad loc.
[129] Für mehr über diesen Dichter s. oben (2.2).

fest, dass sich die xenophaneische Inspiration in Kallimachos' Dichtung erst durch diese Stelle als mit den Händen zu greifendes Dokument abzeichnet.

Es bleibt noch zu überlegen, ob Kallimachos durch das Philosophen-Zitat nicht etwa irgendein implizites philosophisches Programm verfolgt hat. Cuypers hat dafür plädiert, dass der hellenistische Dichter durch das Zitieren des Eros-Gedichts des Antagoras (*fr.* 1 Powell) der akademischen Skepsis das Wort geredet habe in einem Thema, das sich als repräsentative „Fingerübung" in der rivalen philosophischen Schule des Stoizismus großer Beliebtheit erfreute (in Zeus hat man nämlich die Oberhoheit des λόγος gesehen). Die Beobachtung allerdings, dass bei Lukrez eine genaue Parallele des Bescheidenheitstopos vorkommt, mahnt zur Vorsicht. Hat doch der römische Dichter sich zum Sachwalter einer ganz anderen philosophischen Lehre gemacht, was bedeutet, dass die Motivgleichheit nicht in der Verwandtschaft der beiden Systeme ihren Grund hat, sondern im Formelgut hymnischer Redeweise, aus dem man ungeachtet auch noch so starker Doktrinverschiedenheit gleichermaßen geschöpft hat.

Dennoch ist es vielleicht nicht ganz abwegig, aus dem Schluss des Hymnos eine dem stoischen Dogma gegenüber kritische Einstellung herauslesen zu wollen,[130] ohne jedoch dadurch Kallimachos steif dogmatische Observanz zu unterstellen. Während die Stoiker fest an die vermöge der Vernunftkraft (λόγος) vollzogene Begriffsbildung (κατάληψις) glaubten, stand die Urteilsenthaltung (ἐποχή) im Mittelpunkt der skeptischen Epistemologie. Die Verse 91 f. können von diesem Gesichtspunkt her auch so ausgelegt werden, als wollte der Dichter den Leser zur ἐποχή bewegen angesichts der Zumutung, Zeus ohne Weiteres zu erfassen. Außerdem scheint Kallimachos durch die Absage an den angemessenen Lobpreis des höchsten Gottes den Optimismus der Zeus-Verherrlichung, wie sie im Stoizismus praktiziert wurde, in Frage zu stellen. Ein Kabinettstück stoisch empfundenen Zeus-Loblieds ist der Hymnos des Kleanthes, der angesichts seiner Zuversicht den Gegensatz zur Skepsis des Kallimachos darstellt. Der Dichter von Assos sieht die Aufgabe des Menschen darin, den Gott, seine ἀρεταί und die dadurch zu Tage tretende universell-ewige Gesetzmäßigkeit (κοινὸν ἀεὶ νόμον) zu verherrlichen. Im Lob werden Gott und Mensch, statt geschieden zu werden, eng verbunden. Dies

---

[130] Diese Gegenüberstellung mit der stoischen Moralphilosophie wird durch die Schlussverse des Hymnos bekräftigt (V. 94–96). Die Ansicht nämlich, dass die ἀρετή ohne materielle Güter (ἄφενος / ὄλβος) nicht bestehen kann, ist alles andere als stoisch, vielmehr ist sie peripatetisch. Es ist aber auch gut möglich, dass Kallimachos mit der Verflechtung äußeren und inneren Reichtums keine philosophische Lehre, sondern einfach nur einen literarischen Topos widerspiegeln wollte. Zum Gedanken vgl. *P.* 5. 1–4 und Σ ad 1a [II, S. 172 Drachmann], wo Kallimachos als Gewährsmann zitiert wird). Siehe auch Theokr. 17. 137, wo im Epilog Ptolemaios verabschiedet und dazu ermahnt wird, sich von Zeus die ἀρετή zu erbitten. Zum weiteren Nachleben des Topos vgl. die Güterdreiheit bei Walther von der Vogelweide, Reichston *Ich saz ûf eime steine* (V. 11–19: „weltlich êre [~ τιμή, ἀρετή], varnde guot [πλοῦτος], gotes hulde [Ζεύς]").

Verhältnis kommt in der wechselseitigen Verteilung von τιμή und γέρας zum Ausdruck (τιμηθέντες [...] ἀμειβώμεσθά σε τιμῇ; βροτοῖς γέρας [...] θεοῖς):

ἀλλὰ Ζεῦ πάνδωρε, κελαινεφές, ἀργικέραυνε,
ἀνθρώπους <μὲν> ῥύου ἀπειροσύνης ἀπὸ λυγρῆς,
ἣν σύ, πατήρ, σκέδασον ψυχῆς ἄπο, δὸς δὲ κυρῆσαι
γνώμης, ᾗ πίσυνος σὺ δίκης μέτα πάντα κυβερνᾷς,
ὄφρ᾽ ἂν τιμηθέντες ἀμειβώμεσθά σε τιμῇ,
ὑμνοῦντες τὰ σὰ ἔργα διηνεκές, ὡς ἐπέοικε
θνητὸν ἐόντ᾽, ἐπεὶ οὔτε βροτοῖς γέρας ἄλλο τι μεῖζον,
οὔτε θεοῖς, ἢ κοινὸν ἀεὶ νόμον ἐν δίκῃ ὑμνεῖν.

Kleanth. *fr.* 537 (*h. Iov.*) 32–39 (SVF I 1905)

Du aber Zeus, Allesgeber, Dunkelwolkiger, Blitzschleuderer, rette die Menschen vor grässlichem Unwissen, die du, Vater, von unserer Seele verscheuchen mögest, und flöße uns Einsicht ein, der vertrauend du das Weltall durch Gerechtigkeit lenkst, damit wir, die Geehrten, dir Ehre erweisen könnten, indem wir unausgesetzt deine Werke verherrlichen, wie es einem Sterblichen ansteht, denn es gibt keine größere Ehre weder für die Menschen noch für die Götter, als das gemeinsame, ewig währende Gesetz im Namen der Gerechtigkeit zu preisen.

Demgegenüber setzt Kallimachos die Akzente anders: Ihm ist daran gelegen, seinem Leser die Grenzen des Menschen sowie die den Gott vom Menschen trennende Kluft einzuschärfen. Er findet den Ausdruck dieses Inhalts in einem Fragment des Xenophanes, das ihm dazu verhilft, einem hymnischen Topos, der Unfähigkeitserklärung des Sängers, ein neues Erscheinungsbild und neue Funktionen zuzuweisen.

3.3.1.2 Apoll

> Οἷον ὁ τὠπόλλωνος ἐσείσατο δάφνινος ὅρπηξ,
> οἷα δ' ὅλον τὸ μέλαθρον· ἑκὰς ἑκὰς ὅστις ἀλιτρός.
> καὶ δή που τὰ θύρετρα καλῷ ποδὶ Φοῖβος ἀράσσει·
> οὐχ ὁράᾳς; ἐπένευσεν ὁ Δήλιος ἡδύ τι φοῖνιξ
> ἐξαπίνης, ὁ δὲ κύκνος ἐν ἠέρι καλὸν ἀείδει.
> αὐτοὶ νῦν κατοχῆες ἀνακλίνασθε πυλάων,
> αὐταὶ δὲ κληῗδες· ὁ γὰρ θεὸς οὐκέτι μακρήν·
> οἱ δὲ νέοι μολπήν τε καὶ ἐς χορὸν ἐντύνασθε.
> ὡπόλλων οὐ παντὶ φαείνεται, ἀλλ' ὅτις ἐσθλός·
> ὅς μιν ἴδῃ, μέγας οὗτος, ὃς οὐκ ἴδε, λιτὸς ἐκεῖνος.
> ὀψόμεθ', ὦ Ἑκάεργε, καὶ ἐσσόμεθ' οὔποτε λιτοί.
>
> (h. 2. 1–11)

Wie sehr erbebte der Lorbeerzweig Apolls, wie sein ganzes Heiligtum? Fern, fern möge jeder Unheilige weilen! Gegen die Tür tritt schon Phoibos mit schönen Füßen. Siehst du es nicht? Sofort hat der delische Palmenbaum süß gewinkt, der Schwan aber singt schön in der Luft. Tut euch von selbst auf, ihr Türriegel, ihr Schlösser auch! Der Gott ist nicht weit weg! Die Jünglinge sollen zum Gesang und Chorreigen bereit stehen! Apoll erscheint nicht allen, sondern nur dem, wer rein ist. Wer ihn sieht, wird groß, wer nicht, unbedeutend bleiben. Wir werden dich, Ferntreffender, sehen und werden nie unscheinbar sein.

In dieser Szene, die zu den berühmtesten Epiphanie-Beschreibungen gehört, suggeriert Kallimachos die Aufregung der Menge, die der Erscheinung des Gottes harrt.[131] Dieser erwartungsvollen Stimmung ist die Frage οὐχ ὁράᾳς (V. 4) dienlich. Die genaue Parallele dazu ist in Alkmans *Großem Partheneion* auf einem Papyrus im Louvre zu lesen (*fr.* 1. 50: ἦ οὐχ ὁρῆς;), aber dort leitet sich dieser „Regisseur-Hinweis" vom mündlich-performativen Aufführungsrahmen her. Demgegenüber wendet sich Kallimachos an den Leser, d. h., er schafft eine Fiktion der realen Vorführung unter Aufgebot des inneren Gesichts (*deixis am phantasma*).[132] Ein anderes Mittel der dramatischen Wirkung ist die Wiederholung am Versanfang (Anapher) und im Versinnern (Epanadiplose) sowie die Variation der Flexionsendungen (Polyptoton): Οἷον […] οἷα, ἑκὰς ἑκὰς, αὐτοί […] αὐταί. Apoll nähert sich von außen dem Heiligtum, denn die griechischen Türen gehen immer von innen auf, wäre er also im Innern des Gebäudes, müsste er nicht mit den Füßen gegen die Tür anrempeln.[133] Dieser denkwürdige „Einbruch" motiviert sich über praktische Gründe hinaus auch durch ästhetische Prinzipien. Im Epilog stößt Apoll

---

[131] Zu einem Rezeptionsfall der ersten beiden Verse siehe das Abschlusskapitel (4).
[132] Eine ähnliche Wirkung erzielt auch Horaz (*c.* 3. 4. 5 f.: *Auditis? An me ludit amabilis / insania?*) mit dem einzigen Unterschied, dass statt des Sehens an das Gehör appelliert wird.
[133] Vgl. Weinreich 1929, S. 67 Anm. 64.

voller Verachtung den Φθόνος (‚Neid') von sich weg (V. 107: ποδί τ' ἤλασεν). Hier wohnt hingegen dem Fußtritt eine positive Konnotation inne, die auch über das Attribut (καλῷ ποδί) signalisiert wird. Das Wort weist auf eine mit dem Gott verbundene ästhetische Qualität hin, die im metapoetischen Schluss ins Negative gekehrt erscheint.[134] Apolls Epiphanie erheischt von seinen Adepten nicht nur kultische Reinheit und Makellosigkeit (V. 2: ἑκὰς [...] ἀλιτρός), sondern sie stellt Maßstäbe der Schönheit auf, denen der Chor gerecht werden soll (V. 8: οἱ δὲ νέοι μολπήν τε καὶ ἐς χορὸν ἐντύνασθε), wenn er sich Apolls würdig erweisen will (V. 9 f.: [...] ἐσθλός· / ὅς μιν ἴδῃ, μέγας οὗτος). Der Chor spricht allerdings durch den kallimacheischen Hymnos, ist also eine literarische Projektion des Textes. Somit beschränkt der Dichter den Empfang seines Werks auf den Kreis seiner Eingeweihten und kündigt ein ästhetisches Programm an, das im Epilog zur vollen Entfaltung kommen und polemische Ausmaße annehmen wird.

Die kultischen und literarischen Standards ergänzen sich im Folgenden um einen neuen Aspekt, der schon das Politische mit einbezieht. Apolls Wirkkreis erstreckt sich damit über drei verschiedene Bereiche, deren letzter der herrscherlichen Macht gilt:

> ὃς μάχεται μακάρεσσιν, ἐμῷ βασιλῆι μάχοιτο·
> ὅστις ἐμῷ βασιλῆι, καὶ Ἀπόλλωνι μάχοιτο. (V. 26 f.)

> Wer sich mit den seligen Göttern auf einen Kampf einlässt, kämpft mit meinem König, wer meinen König befeindet, befehdet auch Apoll.

Die θεομαχία, d. h. der frevelhafte Widerstand gegenüber dem Willen Gottes, ist eine Erklärung des negativen Paradigmas, in dem sich Niobe Apolls Zorn und Strafe zugezogen hatte. Die kunstvolle, sowohl chiastische (μακάρεσσιν ~ βασιλῆι ~ βασιλῆι ~ Ἀπόλλωνι) als auch umrahmende (μάχεται ~ μάχοιτο ~ μάχοιτο) Struktur macht die Analogie ‚Gott–König' nachdrücklich, was die thematisch einschlägigen Aussagen des Zeus-Hymnos evoziert. Der Addressat ist Ptolemaios II. Philadelphos,[135] der durch sein ausgeprägtes Mäzenatentum und die Verquickung politischer Macht mit Kunstsinnigkeit den Vergleich nicht nur mit Zeus, sondern auch mit Apoll als dem musischen Gott aushält. Das Gebilde ‚Apoll zur Rechten des Zeus' (V. 29) und ‚Ptolemaios (ἐμῷ βασιλῆι) an Apolls Seite' ruft das Prooimion der ersten pythischen Ode Pindars (V. 1–33) ins Gedächtnis, wo die Harmonie von Zeus, Hieron I. und Apoll gepriesen wird: Himmlische und irdische Hierarchie stehen miteinander im Einklang und haben beide auch eine politische Dimension. Das Paradigma der verwegenen Auflehnung gegen Zeus' Macht und Gerechtigkeit stellt der Gigas Typhos dar: ὅσσα δὲ μὴ πεφίληκε Ζεύς, ἀτύζονται

---

[134] Zur Rahmenstruktur des Gedichts vgl. Cheshire 2008.
[135] Σ 26 (Pfeiffer II, S. 50), wo die Erklärung ‚Euergetes' dem Scholiasten wohl durch einen *lapsus memoriae* mit unterlaufen ist (vgl. *in apparatu critico ad* 27).

βοάν / Πιερίδων ἀΐοντα (P. 1. 13 f.: „Alles, was Zeus zuwider lebt, sträubt sich gegen die Stimme der Pieriden").

Daraufhin folgt der göttlichen Aretalogie gemäß der Lobpreis der Attribute und äußeren Indizien Apolls. Insbesondere wohnen seinen Haaren überirdische Kräfte inne:

αἱ δὲ κόμαι θυόεντα πέδῳ λείβουσιν ἔλαια·
οὐ λίπος Ἀπόλλωνος ἀποστάζουσιν ἔθειραι,
ἀλλ' αὐτὴν πανάκειαν· ἐν ἄστεϊ δ' ᾧ κεν ἐκεῖναι
πρῶκες ἔραζε πέσωσιν, ἀκήρια πάντ' ἐγένοντο.   (h. 2. 38–41)

[Apolls] Locken träufeln duftendes Öl auf die Erde: Kein [einfaches] Öl tropft vom Haare des Gottes, sondern die Panakeia selbst: In der Stadt, wo diese Tropfen auf den Boden fallen, wird alles gefeit sein gegen jedwedes Übel.

Das größte Rätsel, das dieser Passus aufgibt, ist die Beschaffenheit der mytischen Flüssigkeit ‚Panakeia'. Williams schreibt Πανάκειαν mit Majuskel und interpretiert den Ausdruck als eine Gleichsetzung der Göttin Panakeia mit der Heilpflanze.[136] Es wäre allerdings eine merkwürdige Vorstellung, wenn eine Person, sei es auch nur eine Personifikation, von den Haaren des Gottes triefte. McKay deutet die Stelle als eine versteckte Anspielung auf die Sonne als Hypostase Apolls und auf deren Assoziation mit Tautropfen und Meerwasser,[137] was sicherlich etwas weitergeholt anmutet. Angesichts der homerischen Tradition, die insbesondere die Hymnen prägt, ist es verwunderlich, dass niemand auf die einfache Idee gekommen ist, die Panakeia in einem homerischen Rahmen zu verorten.

Da im Apollon-Hymnos der πανάκεια eine jeden Schaden (~ Macht der Κήρ) abwehrende Wirkung (ἀκήρια πάντ' ἐγένοντο) zugeschrieben wird, wie sie bei Homer der Ambrosia innewohnt,[138] liegt es nahe, dass Kallimachos unter πανάκεια die Ambrosia verstand, dafür aber gemäß seiner Vorliebe für das Entlegene einen seltenen Terminus einsetzte, der zugleich die heilende Wirkkraft des Stoffes über den Verbstamm ἀκε- sinnfälliger ausdrückt, wie er auch dessen Wirkung etwas preziöser formulierte (ἀκήρια), um dadurch ein zusätzliches etymologisches Spiel zu treiben (πανάκειαν ~ ἀκήρια πάντ').[139]

---

[136] Williams 1978, S. 44 ad loc.
[137] McKay 1976.
[138] Außer der unten herangeführten Homer-Stelle benutzt auch Demeter die Ambrosia, mit der sie den kleinen Demophon unsterblich zu machen trachtet (h. Dem. 237 ~ 242).
[139] Der Begriff ἀμβροσίη kommt bei dem fragmentarischen Zustand des Werks des Dichters nur einmal vor (Ait. fr. 93. 2), in engem Zusammenhang mit νέκταρ, jedoch in mehrdeutigem Kontext (Süßigkeit ist auf jeden Fall ein wichtiger Bestandteil des Begriffs). Das Wort πανάκεια ist eine Rarität, die vor allem in nicht-literarischen Gattungen auftaucht (Kallimachos verwendet nur die attributive Form πανακής [ep. 46. 4]). Die Latwerge wurde bereits in der Antike mit Verschiedenerlei an Heilmitteln identifiziert (vgl. LSJ s. v. πανακής).

Außerdem kommt Hom. *Il.* 23. 185–187 (ἀλλὰ κύνας μὲν ἄλαλκε Διὸς θυγάτηρ Ἀφροδίτη / ἤματα καὶ νύκτας, ῥοδόεντι δὲ χρῖεν ἐλαίῳ / ἀμβροσίῳ, ἵνα μή μιν ἀποδρύφοι ἑλκυστάζων) als Prätext der kallimacheischen Stelle in Betracht, weil die Wendung ἐλαίῳ ἀμβροσίῳ auch so interpretiert werden kann, dass hier Rosenöl und Ambrosia vermengt sind.[140] Auch Kallimachos scheint sich die homerische Stelle so zurechtgelegt zu haben, obwohl die Vermischung von Öl und einem anderen Ingrediens angesichts der Verwendung des unhomerischen Terminus πανάκεια nicht explizit genannt wird: ‚Von Apolls Haaren tropft Öl (ἔλαια) herab, aber es ist kein (ungemischtes) Öl (λίπος),[141] sondern Panakeia (= Öl und Ambrosia).' Die Mischung von Öl und Ambrosia ist zwar vom Leser aufgrund des erkannten homerischen Prätextes hinzuzudenken, ergänzt aber den Gedankengang um einen wichtigen kausalen Konnex, der zeigt, wie sich das alltägliche Öl (ἔλαια, λίπος) zur göttlichen πανάκεια verhält (Zugabe von Ambrosia). Weiterhin ist beachtenswert, dass *Il.* 23. 188–191 unmittelbar nach Aphrodite Apoll auftritt, um das Ausdorren von Hektors Leichnam durch eine schützende Wolke zu verhindern. Kallimachos „korrigierte" diesen Sachverhalt, indem er die ambrosische Tinktur Apoll zuwies, um dadurch dem Gott mehr Ehre angedeihen zu lassen.[142] Schließlich ist auch *Il.* 1. 529 f. als Vorlage von Belang, da hier Zeus' Haare von Ambrosia triefen (ἀμβρόσιαι [...] χαῖται), wie die Apolls von πανάκεια (~ Ambrosia).[143] Diese homerischen Anspielungen sprechen alle für die Gleichsetzung der πανάκεια mit der Ambrosia.

Zu einem ähnlichen Ergebnis kommt man, wenn man eine Stelle des Zeus-Hymnos des Dichters berücksichtigt (*h.* 1. 50 f.: γέντο γὰρ ἐξαπιναῖα Πανακρίδος ἔργα μελίσσης / Ἰδαίοις ἐν ὄρεσσι, τά τε κλείουσι Πάνακρα), die mit der aus dem Apollon-Hymnos durch den phonetischen Gleichklang (Πανακρίδος ~ πανάκειαν) verknüpft ist. Aufgrund dieser Allusion kommt der πανάκεια eine an den Honig erinnernde Eigenschaft zu. Honig, Nektar und Ambrosia gehören aber eng zusammen, nicht zuletzt weil göttliche Kleinkinder (im Kontext von *h.* 1. 49–51 Zeus) regelmäßig mit Honig oder Ambrosia aufgepäppelt werden.[144] Der Honig steht aber auch für die königliche Würde, zumal im Zeus-Hymnos der Gott θεῶν ἐσσῆ-

---

[140] Williams 1978, 43 ad loc. zitiert die Stelle, kommentiert sie aber nicht. Ein anderer Passus, in dem ἔλαιον und ἀμβροσία eine Verbindung eingehen, ist Teil der Verschönerung Heras (*Il.* 18. 171 f.).

[141] Wie bei Hestia (Hom. *h.* 24. 3).

[142] Apolls Verhältnis zur Ambrosia ruft auch eine Theognis-Stelle ins Gedächtnis (1. 8 f.: πᾶσα μὲν ἐπλήσθη Δῆλος ἀπειρεσίη / ὀδμῆς ἀμβροσίης), obwohl hier der Duft eine Begleiterscheinung der Geburt/Epiphanie des Gottes ist und nicht unmittelbar aus seinem Körper hervorgeht.

[143] Von Ambrosia durchtränkte Haare sind ein Symbol der äußersten Vitalität oder sogar der Unsterblichkeit. Vgl. Thieme 1968.

[144] Vgl. Hom. *h. Ap.* 124 (Themis füttert Apoll mit Nektar und Ambrosia), Pind. *P.* 9. 63 (derselbe Vorgang im Fall des Aristaios) und Ap. Rhod. 4. 1136 (Dionysos werden die Lippen von der Nymphe Makris benetzt).

να (V. 66) genannt wird und in der Glosse ἐσσήν der Begriff der Biene und der des Königs zusammenfallen.[145] Da Zeus und der König (Ptolemaios II.) den gesamten Hymnos hindurch parallelisiert werden, nimmt ihre Korrespondenz über die Thematik ‚Biene/Honig' nicht wunder.

Angesichts der Entsprechung Παvακρίδος ~ πανάκειαν zwischen h. 1. 50 und 2. 40 kann nun die Hypothese gewagt werden, dass es sich im Apollon-Hymnos ebenfalls um eine Durchdringung der göttlichen mit der königlichen Würde handle, sodass hinter der Gestalt des Gottes das Idealbild des Herrschers aufdämmere, und die triefende Panakeia/Ambrosia sich von der Vorstellung des guten Königs nicht trennen lasse. Dies ist schon deshalb wahrscheinlich, weil es an unserer Stelle nachdrücklich um ἄστη, den Machtbereich des Königs, geht. Früher (V. 12–15) wurde gesagt, dass die Unerschütterlichkeit der Stadtmauern sowie das Gedeihen der Jugend davon abhängt, ob es der Gemeinschaft gelingt, Apoll durch Musik und Tanz für sich zu gewinnen. Später wird der Gott als ἄναξ (V. 90: ‚König'/‚Gott'/‚Schirmherr') *expressis verbis* mit den Battiaden und der Gründung Kyrenes assoziiert (V. 65–96). Im Großen und Ganzen stellt die Konzeption des heilstiftenden Herrschers (*sacral kingship*) eine altangestammte Idee dar, die schon bei Homer belegt ist (*Od.* 19. 109–114 im epischen Gleichnis). Die Absonderung eines nektar- und ambrosiaähnlichen Stoffes im Hymnos erhält aber eine genaue Parallele in dem Poseidippos-Epigramm (*ep.* 36 A–B = VI 10–17 B–G), das wir bereits kennengelernt haben.[146] Auch hier ist das süße, d. h. honig- oder ambrosiaartige Sekret kein physiologisches Phänomen, sondern ein symbolhafter Ausdruck des göttlichen Wesens der Königin Arsinoe II.

Nimmt man alles zusammen, stellt sich die Panakeia nicht nur als ein äußeres Zeichen der wohlwollenden, vegetatives Gedeihen spendenden Wesensart des Gottes dar, sondern auch als ein königliches Symbol, das den irdischen Herrschern ihre gottbegnadete Sonderstellung bescheinigt.

Wenn wir nun zum Text des Hymnos zurückkehren, wohnen wir der Fortsetzung der göttlichen Aretalogie bei. Hierzu gehört die ausführliche Schilderung des städtegründenden Apoll, was die urban-politische Thematik (V. 40) weiterspinnt. Dabei läuft es auf den Gründungsmythos von Kyrene, die Heimatstadt des Kallimachos, hinaus: Apoll war der Archeget des Gründervaters Battos. Der biographische Fokus (V. 65: ἐμὴν πόλιν) erinnert stark an Pindars fünfte pythische Ode, in der der Ausdruck ἐμοὶ πατέρες (V. 76) laut der antiken Exegese, also auch für Kallimachos, die Vorfahren des Dichters (Pindars) bezeichnen kann.[147] Im Folgenden kehrt bei Kallimachos der direkte Hinweis auf die Person des/der Herrscher(s) wieder, diesmal in Form eines Possessivpronomens Pl/1 (V. 68: ἡμετέροις

---

[145] Siehe Σ ad loc. (Pfeiffer 1953 II, S. 45): ἐσσήν κυρίως ὁ βασιλεὺς μελισσῶν, νῦν δὲ ὁ τῶν ἀνδρῶν (desgleichen auch *EM* 383. 30). Vgl. auch Stephens 2003, S. 1–5, 107 f. (die Biene als königliches Symbol im ägyptischen Kulturkreis und in der europäischen Geschichte).

[146] Vgl. oben das Poseidippos-Kapitel (3.2).

[147] Zum pindarischen Hintergrund der Passage vgl. Kofler 1996 sowie Kapitel 3.4.

βασιλεῦσιν). Die Mehrzahl ist auf verschiedene Arten zu deuten, nach einer der Erklärungen ist darin nicht nur Philadelphos, sondern auch der zum Regenten ernannte Kronprinz, der spätere Ptolemaios III. Euergetes, mit einbegriffen.[148]

Die kyreneische Archäologie und der rituelle Schrei *iê paiêon* an dem dortigen Karneia-Fest führen zur Erzählung von Apolls Heldentat (V. 97–104), die den Ursprung (*aition*) des Paian-Rufs bedingt. Der Epilog (V. 105–113) kehrt nun – nicht ganz unvorbereitet, wie wir sahen – zum poetologischen Thema zurück. In einem einzigen Vers wird die Provokation des personifizierten Neides (*Phthonos*) angeführt, der eine des ansehnlichen Themas würdige Länge fordert (tatsächlich sind die Homer zugeschriebenen Hymnen etwa fünf-sechsfach so lang). Der Dichter antwortet auf diesen Vorwurf in einer metaphorischen Sprache und moniert, dass qualitative Eigenschaften der Dichtung höher rangieren als quantitative. Im letzten Vers verabschiedet sich der Dichter – der hymnischen Tradition gemäß – von der Gottheit (V. 113: χαῖρε, ἄναξ) und formuliert den Wunsch, das Genörgel (Μῶμος) möge sich ebendahin scheren, wohin der Neid verbannt ist.

Sorgfältige philologische Analyse hat den Beweis geführt,[149] dass auch das Finale einem pindarischen Vorbild folgt, zumal der Begriff φθόνος auch beim thebanischen Chorlyriker eine herausgehobene Rolle spielt. Während aber dort der Neid durch das übermäßig-langatmige Lob, letzten Endes also durch den Übereifer des Dichters, geschärft wird, ist seine Motivation bei Kallimachos hingegen die extreme Kürze des Hymnos. So ist auch die Reaktion des Lobdichters eine je andere: Pindar versucht, das Lob nicht zu überziehen, Apoll greift mit brachialer Gewalt durch und verteidigt die Ästhetik der Reinheit. Wir können ziemlich sicher sein, dass das Kunsturteil des irdischen Apoll, Ptolemaios II., damit konform ging. Auf diese Weise wird dann auch am Ende des Gedichts die Einheit der drei Sphären, der kultischen, der literarischen und der politischen, betont.

---

[148] So Malten 1911, S. 51.
[149] Der Gedankengang von Bundy 1972 wurde durch Köhnken 1981 erweitert und präzisiert.

3.3.1.3 Artemis

Der dritte Hymnos enthält auf den ersten Blick keine eindeutigen historischen Anspielungen, sondern ist ganz und gar in der mythischen Sphäre verankert. Ich versuche trotzdem zu zeigen, dass diese Geschichtslosigkeit nur den äußeren Firnis darstellt, unter dem bei genauerem Besehen der historische Hintergrund durchscheint. Wenn im zweiten Hymnos Ptolemaios Philadelphos das Pendant zu Apoll bildet, so müsste Artemis im dritten in Ptolemaios' Schwester ihre Entsprechung haben, da auch Apoll und Artemis Geschwister sind. Bei Philadelphos hat sich allerdings die ausgefallene Konstellation ergeben, dass seine leibliche Schwester zugleich seine Gemahlin, Arsinoe II., war.

Für die Untersuchung werden einige Bemerkungen über die Einheit des Gedichts nicht ohne Nutzen sein. Über lange Zeit hin hat man den Artemis-Hymnos für das wohl am lockersten strukturierte Stück des Buches gehalten, dem in Hinblick auf Ton und Aufbau gleichsam eine ähnliche „himmlische Länge" innewohne, wie sie Schumann in Schuberts großer C-Dur Symphonie am Werke zu sehen meinte. Schon Wilamowitz hat darauf aufmerksam gemacht, dass Vers 136 f. (s. unten) an die Abschiedsformel der homerischen Hymnen erinnert, was bedeutet, dass das Gedicht hier aufhören könnte.[150] Der Dichter jedoch fährt mit mehr als hundert Versen fort in einem „Epilog", der lockerer gebaut zu sein scheint als der Rest des Hymnos. Allerdings ist Vorsicht geboten, da Mangel an Einheit und Lässigkeit in Komposition sich schlecht mit dem anspruchsvollen kallimacheischen Kunstprogramm vertragen. Bing und Köhnken haben überzeugend den Nachweis erbracht, dass der Artemis-Hymnos in kunstvoller Durchkomponiertheit hinter keinem anderen Werk des Dichters zurücksteht.[151] Selbstverständlich kann man über die Art und Weise des Aufbaus des Hymnos verschiedener Meinung sein. Fest steht aber, dass die mit V. 136 ansetzende Invokation einen Wendepunkt im Gedicht darstellt, die zu einem breitangelegten Variationsgefüge zuvor angeklungener Themen überleitet. Diese Invokation gliedert also den Hymnos in einen ersten diegetischen und einen zweiten aretalogischen Teil. Zu dem durch die Anrufung herbeigeführten Neubeginn kehren wir bald zurück. Jetzt wird unser Augenmerk dem thematischen Material der διήγησις gelten, die die ἀρεταί der Göttin *in actu* beleuchtet.

Der humoristisch-realistische Anstrich der Erzählung kann leicht über die Tatsache hinwegtäuschen, dass Artemis zwei Kardinaltugenden, die Klugheit und den Mut, verkörpert. Ihre glänzende Intelligenz bekundet sich durch jene inständigen Bitten, mit denen sie in ihren Vater dringt (V. 6–25). Artemis erweist sich hierdurch als draufgängerisch-verzogenes Mädchen, aber auch als verschmitzte Stra-

---

[150] Wilamowitz-Moellendorff 1924 II, S. 58: „Hier hätte er aufhören und nur einen kräftigen Schluss machen sollen; aber der Gelehrte hatte noch zu viel Stoff und war in Kallimachos nur zu oft dem Dichter überlegen."
[151] Bing–Uhrmeister 1994; Köhnken 2004.

tegin, die alles darauf anlegt, ihre Ziele zu erreichen.[152] In der zweiten Szene sucht sie die Kyklopen auf, um sich Waffen schmieden zu lassen (V. 46–86). Auch diese Episode, die ein amazonenhaft an den Brustzotten des Kyklopen sich festklammerndes Mädchen schildert, ist reich mit Humor durchwirkt. Hinter diesem schalkhaften Gebaren verbirgt sich allerdings – ins Burleske transponiert – das ernste Porträt der streitbaren und mutigen Göttin. Diese beiden Charaktereigenschaften (Klugheit/Weisheit sowie Mut) sind aber zugleich Herrschertugenden, die – zumal es sich um eine Göttin handelt – hervorragend zu Arsinoe II., Schwester und Gattin des in den beiden ersten Hymnen erwähnten Ptolemaios, passen würden. Was dabei zu wünschen übrig bleibt, ist die textuelle Bestätigung, nach der wir im folgenden Ausschau halten.

Es liegt nahe, auch im Artemis-Hymnos ein Spiel mit dem Namen ‚Artemis' dingfest zu machen. Die Göttin wird in der Erzählung unter zweifachem Aspekt als intelligente und streitbare Göttin geschildert. Entsprechend kann ihr Name sowohl als ἀρτίφρων (‚Hausverstand besitzend') wie auch als Ἄ-τρε-μις (‚Sonderwank')[153] ausgelegt werden – zweierlei also, wie die hellenistischen Philologen bei ζητήματα etymologischer Natur zu verfahren pflegten. Zudem kann das ἀρτί-Vorderglied auch in der ionischen Form ἀρσι- realisiert werden, was uns gleich zu Arsinoe bringt, deren Name nach der korrekten – nicht nur volkstümlichen – Etymologie ‚jemand mit scharfem Sinn' bedeutet. Es kann nicht ausgeschlossen werden, dass Kallimachos den Namen ‚Artemis' mit seiner umstrittenen Etymologie vermittels der Verselbständigung und Lexikalisierung der phonetischen Einheit ἀρτ- auf zweierlei Weise (‚Gesundheit des Verstandes' vs. ‚Stärke des Gemütes') interpretierte und auf Arsinoe bezog.

Nun sollen wir uns der oben kurz erwähnten Invokation zuwenden, die die Diegese abschließt und den aretalogischen Teil einleitet:

> πότνια, τῶν εἴη μὲν ἐμοὶ φίλος ὅστις ἀληθής
> εἴην δ' αὐτός, ἄνασσα, μέλοι δέ μοι αἰὲν ἀοιδή·
> τῇ ἔνι μὲν Λητοῦς γάμος ἔσσεται, ἐν δὲ σὺ πολλή,
> ἐν δὲ καὶ Ἀπόλλων,[154] ἐν δ' οἵ σεο πάντες ἄεθλοι,
> ἐν δὲ κύνες καὶ τόξα καὶ ἄντυγες, αἵ τε σε ῥεῖα
> θηητὴν φορέουσιν ὅτ' ἐς Διὸς οἶκον ἐλαύνεις. (V. 136–141)

Herrin, möge zu ihnen [d. h. zu den von dir Begünstigten; vgl. V. 129: οἷς δέ κεν εὐμειδής τε καὶ ἵλαος αὐγάσσηαι] gehören, der mein wahrer Freund ist, möge auch ich selbst, Königin, [zu ihnen gehören] und möge mir der Gesang immer am Herzen liegen, der Gesang, der Letos Hochzeit enthalten wird, dich mehrfach und auch

---

[152] Zum extrem überspannten Konzept des *puer praecox* vgl. Ambühl 2005, S. 256.
[153] Vgl. R. Wagner: *Tristan und Isolde*: „Vergessens güt'ger Trank, / Dich trink' ich sonder Wank!" (Akt 1, Szene 5).
[154] Hier wiederum ein Spiel mit dem Gleichklang der Wörter πολλή und Ἀπόλλων.

Apoll und all deine Großtaten, Hunde, Armbrust und Wagen, die dich leicht befördern, wenn du von vielen bestaunt ins Haus des Zeus fährst.

Diese scheinbar einfache Passage lädt zu Kommentaren verschiedenster Art ein. Es ist bemerkt worden, dass die in das Gedichtinnere verschobene Invokation jenen metapoetischen Passus des homerischen Apollon-Hymnos evoziert, der an der Übergangsstelle des delischen zum pythischen Teil untergebracht ist (Hom. *h. Ap.* 166–178). Mithin kommt diese Eigenheit des Artemis-Hymnos einer Reflexion über die philologische Aporie gleich, ob der homerische Apoll-Hymnos zweiteilig oder aber aus einem Gusse sei.[155] Man könnte auch hervorheben, dass die Anapher ἐν δέ („es ist darin enthalten") zum Formelschatz der Beschreibung (ἔκφρασις) von Kunstgegenständen gehört, wie man aus der homerischen Schildbeschreibung ersehen kann (*Il.* 18. 483: zuerst ἐν μέν – ἐν δέ, dann das zweite Glied [ἐν δέ] als strukturierendes Element durch die Gesamtpartie hindurch).[156]

Für unser Ziel reicht es allerdings zu bemerken, dass diese mit Gegenstandsbezeichnung (*propositio*) verknüpfte Invokation die Rolle einer eingeschalteten Museninvokation erfüllt. Denn der zweite Vokativ der Anrufung (V. 137: ἄνασσα) verbindet augenfällig die Bitte um Zugehörigkeit zu den Begünstigten der Göttin mit der um Sangesgabe. Dass Attribut ἀληθής (V. 136) hat in diesem Zusammenhang Scharnierfunktion, indem es eine leichte Akzentverschiebung ins Werk setzt: Dem φίλος verbunden bedeutet es zunächst nur ‚wahr' (d. h. ‚dem Begriff des Freundes vollkommen entsprechend'), aber im Kontext des Gesangs (ἀοιδή – man beachte auch die versfinale Stellung von ἀληθής und ἀοιδή) kann es als ‚wahrhaftig' ausgelegt werden. So scheint es Kallimachos mit der Wahl des Wortes ἀληθής geschickt auf die Verschiebung von der politischen zur musischen Sphäre angelegt zu haben. Der Aufmerksamkeit des Dichters darf nichts entgehen (λανθάνειν), doch diese unbeirrbare Wahrhaftigkeit (ἀληθής ~ ἀλήθεια) kann nur durch die Musen als göttliche Wesen gewährleistet werden.[157]

Es ist aber alles andere als unverfänglich, dass hier Artemis in der Rolle der Muse erscheint.[158] Ist doch für dies in der griechischen Tradition weit und breit kein Beleg zu finden. Es ist daher naheliegend, diese musenhafte Porträtierung der Göttin über deren implizierte Gleichsetzung mit Arsinoe begründen zu wollen, da im Gegensatz zu Artemis die Königin unschwer zur Muse avancieren kann, einer Muse allerdings, die nicht in der Sphäre des zeitlosen Mythos, sondern in der der

---

[155] Vgl. Dornseiff 1936.
[156] Siehe auch noch unten (*Ait. fr.* 75. 64).
[157] Vgl. Hom. *Il.* 2. 484–492. So wird die Parenthese im ersten Vers des Hymnos verständlich (οὐ γὰρ ἐλαφρὸν ἀειδόντεσσι λαθέσθαι): Artemis kann in der Tat nicht vergessen werden, ist sie doch als Muse das personifizierte Gedächtnis (οὐ ... λαθέσθαι = μεμνᾶσθαι). Vgl. auch Hom. *h. Ap.* 1: Μνήσομαι οὐδὲ λάθωμαι Ἀπόλλωνος ἑκάτοιο.
[158] Das bestätigt sich später im Hymnostext (V. 186: εἰπέ, θεή, σὺ μὲν ἄμμιν, ἐγὼ δ' ἑτέροισιν ἀείσω), wo Theokrit zitiert wird (22. 116 f.: εἰπέ, θεά, σὺ γὰρ οἶσθα· ἐγὼ δ' ἑτέρων ὑποφήτης, / φθέγξομαι, ὅσσ' ἐθέλεις σὺ καὶ ὅππως τοι φίλον αὐτῇ).

historischen Wirklichkeit des alexandrinischen Hofes beheimatet erscheint. Die Musenanrufung verwandelt sich in dieser Weise zum Ausdruck der Huldigung an die ptolemäische Königin: Sie habe ein geistiges Milieu geschaffen, das Werke von künstlerischem Anspruch und Rang des Artemis-Hymnos hervorbringt. Es ist kein Zufall, dass das Standbild der Arsinoe als der zehnten Muse in der Bibliothek der Hauptstadt Ägyptens gestanden haben soll.[159]

Schließlich gilt es bei einem Zusammenhang etwas länger zu verweilen, auf den ich in der Einleitung kurz zu sprechen kam. Wenn Apoll im zweiten Hymnos eindeutig mit Ptolemaios assoziiert wird, sollte fast zwangsläufig dasselbe Verhältnis zwischen Artemis und Arsinoe bestehen. Gibt es aber für diese Entsprechung ein textueller Beleg im Hymnos? Gegen Ende des zweiten, als Aretalogie eingestuften Teils bestraft Artemis grausam die ihr gegenüber erzeigte Hybris, indem sie das kimmerische Heer des Lygdamis vernichtet, der sich anmaßte, das Heiligtum der Göttin in Ephesos zu erstürmen (V. 251–258). Diese gegen die aus Osten eindringenden Horden ausgefochtenen Kämpfe um die Mitte des 7. Jahrhunderts v. Chr. sind aus der Dichtung des Kallinos von Ephesos bekannt,[160] selbst Lygdamis taucht in den Geschichtsquellen auf,[161] so hat es den Anschein, als wollte Kallimachos am Schluss seines Hymnos eine Brücke schlagen von der mythischen zur historischen Zeit und suggerieren, dass die Macht der Artemis auch in der geschichtlichen Zeit an Bedeutung nichts verliert. Diese Stelle steht nun in eindrucksvoller Parallele zu einem Passus im vierten Hymnos an Delos, was es ermöglicht, einen Schritt weiterzugehen. Im Delos-Hymnos wird die Schlacht der von Brennus angeführten Kelten mit Apoll vor seinem pythischen Tempel geschildert, wobei der Gott den Sieg über die Angreifer davonträgt (V. 171–187).[162] Auch hier also ein aus Westen kommender Völkerstamm, ein Heiligtum als Walstatt und der Sieg der Gottheit über die Vermessenheit. Überdies ist die Erzählung in diesem Fall ganz eindeutig der mythisch verbrämte Ausdruck eines zeitgenössischen Ereignisses. Die Gallier haben Delphi im Jahre 279 v. Chr. belagert und sind gescheitert. Ihre übriggebliebenen Truppen, deren Dienste Ptolemaios Philadelphos im Kampf gegen seinen Halbbruder Magas in Anspruch genommen hatte, wurden im Jahre 274 im Nil-Delta umzingelt und vernichtet. Diese syntagmatische Abfolge („Delphi–Ägypten") auf der geschichtlichen Ebene verwandelt Kallima-

---

[159] Vgl. Kall. *Ait. fr.* 2a 1, wo Arsinoe als ‚zehnte Muse' auftritt – sofern man aus der fragmentarischen Überlieferung klug werden kann (vgl. Harder 2012 II, S. 107 ad loc.). Siehe auch die Schlussfolgerungen des Poseidippos-Kapitels (3.2).

[160] Kallin. *fr.* 5a 1. Vgl. Hdt. 1. 15. Zur Unterscheidung der mythischen (Hom. *Od.* 11. 14–19) und historischen Kimmerier vgl. Heubeck ⁴1988 III, S. 262–264 ad loc. Kallimachos müsste dieses homerische ζήτημα gekannt haben. Also dürfte er damit die durchlässige Grenze zwischen Mythos und Historie angedeutet haben.

[161] Vgl. Strab. 1. 3. 21, Hesych. λ 1328 s. v. Eine lydische Inschrift erwähnt ihn unter dem Namen Dugdammê. Sein frühestes Vorkommen in der griechischen Literatur ist gerade das kallimacheische Zeugnis (vgl. auch *Ait. fr.* 75. 23).

[162] Zum historischen Hintergrund vgl. das Kapitel 2.3.

chos in die paradigmatische Entsprechung von Apoll und Ptolemaios auf der Ebene der dichterischen Vision, die Gott und Herrscher als Verbündete erscheinen lässt: Der noch nicht geborene Apoll weissagt über den noch nicht geborenen Ptolemaios (V. 188: ἐσσόμενε Πτολεμαῖε), den er als seinen Mitkämpfer in der Schlacht gegen die Galater apostrophiert. Die Parallele ‚Apoll vs. Brennus' mit ‚Artemis vs. Lygdamis' ist unverkennbar und hilft, den Mythos in die Wirklichkeit zu übertragen. Wenn nämlich Apoll seinen Kampfgenossen gegen die Kelter in Ptolemaios findet (‚Apoll–Ptolemaios'), so müsste Apolls Schwester Artemis in der Auseinandersetzung mit den Kimmerern die Schwester des Ptolemaios, Arsinoe, als historisches Gegenstück (‚Artemis–Arsinoe') haben.

In diesem Zusammenhang kommt dem Schlussmoment dieses feierlichen Einzugs der Göttin auf den Olymp eine besondere Pointe zu: σὺ δ' Ἀπόλλωνι παρίζεις (V. 169: „Du sitzest aber neben Apoll"). Dieser Ehrenplatz bestätigt die Parallele ‚Ptolemaios–Arsinoe' und damit auch die höfische Lesart des Artemis-Hymnos. Wenn das Gedicht aus irgendeinem Anlass am Hof rezitiert wurde, dann dürfte das Herrscherpaar zu Häupten der Tafel Platz genommen haben, sodass diese Episode eine *deixis ad oculos* auf die beiden irdischen Machthaber beinhalten konnte. In diesem Fall entpuppt sich die vorausgehende Reichtums- und Friedensschilderung als der bekannte Topos der Herrscherenkomiastik, dem wir in Theokrits *Encomium Ptolemaei* bereits begegnet sind:[163]

> οἷς δέ κεν εὐμειδής τε καὶ ἵλαος αὐγάσσηαι,
> κείνοις εὖ μὲν ἄρουρα φέρει στάχυν, εὖ δὲ γενέθλη
> τετραπόδων, εὖ δ' ὄλβος ἀέξεται· οὐδ' ἐπὶ σῆμα
> ἔρχονται πλὴν εὖτε πολυχρόνιόν τι φέρωσιν·
> οὐδὲ διχοστασίη τρώει γένος, ἥ τε καὶ εὖ περ
> οἴκους ἑστηώτας ἐσίνατο· ταὶ δὲ θυωρόν
> εἰνάτερες γαλόῳ τε μίαν πέρι δίφρα τίθενται.   (V. 129–135)

> Denjenigen aber, denen du dein holdseliges und mildes Antlitz zeigst, bringt die Scholle einen reichen Ertrag, gedeiht das Geschlecht des Viehs wohl, wächst auch der Wohlstand; sie sinken erst ins Grab, wenn sie viele Jahre gelebt haben; auch kein Zwist, der sogar wohlhabende Häuser zermürbte, reibt die Familie auf; und die Schwippschwägerinnen und Schwägerinnen stellen ihre Stühle um denselben Tisch herum.

Der Fruchtbarkeit und vegetatives Gedeihen spendende Blick ist ebenfalls ein konventionelles Motiv, das Kallimachos auch andernorts bei der Schilderung der göttlichen Macht verwendet.[164] Indes sind Auge und Sehen hier mit einer politischen Zusatzsymbolik befrachtet. In der Ikonographie der PtolemäerInnen, bei ihrer Porträtierung auf Münzen, sind große, verquollene Augen mit deutlich hervortretenden Überaugenwülsten ein wiederkehrendes Element, dem im Falle der Arsi-

---

[163] Vgl. oben Kapitel 3.1.
[164] *H.* 2. 50–54 (Apolls wohlwollender Blick und die Fruchtbarkeit der Herden).

noe II. ein physiologisches Gebrechen zugrunde gelegen haben könnte: Man vermutete eine erbliche Schilddrüsenerkrankung (*struma*), die bei sämtlichen Mitgliedern des Ptolemäerhauses zu den besagten körperlichen Symptomen führte. Allerdings erweist sich diese Notannahme als verzichtbar, wenn man bedenkt, dass es sich bei dieser Eigenheit um eine visuelle Darstellung des wirkmächtigen göttlichen Blicks als eines Herrschersymbols handeln könnte –,[165] ein Motiv, dem der alexandrinische Dichter in seinen Götterhymnen zur literarischen Ausprägung wird verholfen haben.[166]

Die Verbindung von Artemis und Arsinoe steht nun auf einer standfesteren Basis als es bisher der Fall war. Somit können wir uns an die Frage heranwagen, worauf es denn der Dichter abgesehen habe, als er ein höfisches Motiv als roten Faden in die Textur seines Artemis-Hymnos mit hineinwob. Hier ist allerdings als Erstes eine methodische Präzisierung am Platze. Der vom psychologischen Einschlag nicht freie Begriff der ‚Absicht' des Dichters eignet sich nicht zur erkennenden Durchdringung und objektiven Würdigung des Kunstwerks. Wenn man die dichterische Absicht ausklammert, bleibt trotzdem die erzielte Wirkung übrig, die der literarkritischen Untersuchung zugänglich ist. Damit lassen wir es auch hinsichtlich des Artemis-Hymnos sein Bewenden haben, indem wir fragen, welchen Eindruck der mit politischen Allusionen durchsetzte Hymnentext bei seinem Leser erweckt. Arsinoe wurde schon Zeit ihres Lebens mit Aphrodite gleichgesetzt, und als sie im Sommer des Jahres 270 v. Chr. verstarb, hat Ptolemaios Philadelphos zu Ehren seiner als Aphrodite Zephyritis vergöttlichten Schwester und Gattin in der Nähe von Alexandria auf einer Halbinsel ein Heiligtum errichtet. Hier will ich auf die Chronologie nicht eingehen, auf die Frage, ob die Gleichsetzung noch zu Lebzeiten der Königin, d. h. in den 70er Jahren, auf der Höhe der Karriere des Kallimachos in der Nähe zu den anderen Hymnen, oder aber (kurz) nach dem Tod der Arsinoe entstanden ist. Denn die ausgelöste Wirkung der Gleichsetzung ‚Artemis–Arsinoe' dürfte bei jeder Datierung die gleiche gewesen sein, und zwar die der Überraschung als eines typischen kallimacheischen Bestrebens. Der Dichter treibt mit seinem Leser ein halb ernstes, halb scherzhaftes Spiel. Er lässt ihn über verstreute Textindizien langsam und allmählich erkennen, dass die Gestalt der Artemis als eine Hommage auf Arsinoe aufgefasst werden kann, und die verblüffendste Überraschung ist das Ergebnis der Erkenntnis selbst. Man wird plötzlich inne, dass nicht Aphrodite die mythische Verkleidung der Königin darstellt, was angesichts der ihre Gestalt umwebenden ikonographischen Vorstellung nahe gelegen hätte, sondern die keusche Göttin, die sich kraft ihres Intellektes und Mutes durchsetzt.

Unsere bisherige Fragestellung kann aber weiter gefasst werden, wenn unser Augenmerk auf die Position des Hymnenbuches im Kontext des Gesamtwerks des

---

[165] Vgl. Müller 2009, S. 359 f. zu diesem bis auf Alexander den Großen zurückgehenden ‚leoninen Typus' mit weiterer Literatur.

[166] Die obige Passage (Anm. 164) aus dem Apollon-Hymnos schreibt dasselbe Motiv über den Gott Ptolemaios II. Philadelphos zu.

Dichters sowie der griechischen Literaturgeschichte gerichtet wird: Was haben Königs- und Königinnenporträts in der Hymnengalerie der Götter zu suchen, oder anders formuliert: Warum hat Kallimachos die mythische Erzählung mit historischen Anspielungen verquickt? Die Antwort hängt wohl mit der ästhetischen Forderung nach Polyeideia zusammen. Die Herrscherpanegyrik ist nämlich ein Thema, das sich keineswegs von den homerischen Hymnen ableiten lässt, sondern eher von den pindarischen Epinikien, die zu einem beträchtlichen Teil Tyrannen zu Adressaten haben. Dass Kallimachos diese Wahlverwandtschaft mit Pindar bewusst suchte, wird dadurch bewiesen, dass er sich auch sonst pindarischer Gattungsmerkmale bedient, sooft er eine zeitpolitische Botschaft ausrichten will. Das ist z. B. der Fall zu Beginn des dritten Buches der *Aitia*, einer Partie, die trotz des elegischen Versmaßes von thematischem Gesichtspunkt her (Verewigung eines nemeischen Siegs der Berenike II. im Wagenrennen) einem pindarischen Siegeslied nacheifert.[167] Pindars Gedichte gehen von der Gegenwart, dem aktuellen Sieg als historischem Moment, aus, doch im Erzählteil wird die Gegenwart durch die mythische Vergangenheit überblendet, in der auch Götter eine wichtige Rolle spielen. Somit reichert sich das Epinikion mit hymnischen Elementen an. In den Hymnen des Kallimachos ist es umgekehrt: Die hymnische Verherrlichung der Gottheit ist der primäre Gattungsrahmen, in den die punktuellen Hinweise auf das ptolemäische Königshaus als Aktualitätsbezüge eingefügt werden. So stellt der kallimacheische Hymnos eine Kreuzung der homerischen Hymnen mit den Epinikien Pindars dar, wobei die auf die Siegesoden zutreffenden Proportionen der mythischen und aktuellen Komponenten umgekehrt werden.

Diese pindarische Abstammung weist dem Buch der Hymnen innerhalb des Werks des Kallimachos seinen Platz zu und legt die Auffassung des Dichters offen, die er von der ‚Hofdichtung' hatte. Der Aufbau des Œuvre geht wohl auf den Dichter selbst zurück, so stehen die vier Bücher der *Aitia* kaum zufällig an der Spitze, während die Hymnen den Reigen beschließen. Diese umrahmende Struktur kann durch die gleiche Einstellung zur mythischen wie zur historischen Zeit erklärt werden: Wie die *Aitia* auf der mythischen Vergangenheit aufbauen und sich sukzessive den Geschehnissen der Gegenwart nähern, um mit dem zeitnahen Ereignis, der Verstirnung der Locke der Königin, zu schließen, so wird auch in den Hymnen in erster Linie die ewige, göttliche Welt besungen, während sich im Hintergrund auch die Geschichte auftut, sodass die Historie auf echt pindarische Weise in die zeitlos-mythische Sphäre hinaufgehoben wird. Hat aber der hellenistische Dichter den Gegenwartsbezug mit einer derart hochgeschätzten Gattung, der Siegesode, und ihrem repräsentativen Dichter, Pindar, verknüpft, so untersteht keinem Zweifel, dass er im ‚Hofdienst' keine unwürdige dichterische Aufgabe gesehen hat. Im Gegenteil dürfte er befunden haben, dass er dadurch einer allgemeinen, der dichterischen Ausformulierung würdigen Gesetzmäßigkeit ein Denkmal

---

[167] Zum Weiterleben der Motive des (pindarischen) Epinikions in der elegischen Dichtung des Kallimachos vgl. Fuhrer 1992.

errichten könne. Diese Gesetzmäßigkeit kann aber folgendermaßen beschrieben werden: Der Mythos steht nicht gegen die Geschichte hermetisch abgeschottet da, sondern er ist Spiegelfläche für die historische Zeit, in der sich die menschliche Sphäre bricht. Diese Auffassung lässt die alte Streitfrage der in den Hymnen sich äußernden Religiosität des Kallimachos in anderem Licht erscheinen. Anstatt dass man sich mit der akademischen Fragestellung auseinandersetze, ob hinter den Hymnen eine subjektive religiöse Gefühlswelt des Autors stehe, müssten einem die Augen eher darüber aufgehen, dass die historische Interpretation ein neues, objektives Religiositätskonzept verspricht: Auch unter Ausblendung der anthropomorphen Wirklichkeit der olympischen Götter bleibt ein abstrakter Begriff ihrer Macht zurück, die sich aus dem Blickwinkel des Dichters in der Herrschaft des Philadelphos bekundet, der bezüglich seiner Macht einen ‚Zeus auf Erden', hinsichtlich seiner kunstsinnigen Veranlagung einen ‚alexandrinischen Apoll' darstellt. Diesem Zusammenhang kann jetzt die Parallele ‚Artemis–Arsinoe' zugeordnet werden.

3.3.2   *Aitia*: Akontios und Kydippe

Das Hauptwerk des Kallimachos war zweifelsohne seine Elegiensammlung *Aitia* (‚Ursprünge'), an der er Zeit seines Lebens arbeitete und die in zwei, je zwei Bücher umfassenden Ausgaben (*ekdosis*) erschienen ist. Diesen insgesamt vier Büchern hat der Dichter einen Prolog vorangestellt, wodurch die *Aitien* als abgerundeter Zyklus ins Gesamtwerk Einzug gehalten haben. Das bedeutende Fragment des Prologs ist 1927 aufgetaucht und hörte seitdem nicht auf, den Interpreten viel Kopfzerbrechen zu verursachen – als wohl vielschichtigster und vertracktester programmatischer Text der hellenistischen Literatur.

Das Werk besteht trotz des beachtlichen Umfangs aus kürzeren selbständigen Einzelepisoden, die die mythische Vergangenheit aus der Gegenwart betrachten und nach dem Ursprung (αἴτιον) sämtlicher gegenwartsbezogener Phänomene (vor allem religiöser Kulte, göttlicher Attribute und Denkmäler) fahnden. Dieses antiquarische Anliegen traf sich mit dem allgemeinen Geschmack der Zeit, in der man seiner eigenen Vergangenheit ein lebhaftes Interesse entgegenbrachte.[168] Trotz dieser Disparatheit sind die *Aitien* kein loses Bündel aneinandergereihter Episoden, denn die Teile sind durch ein feines Netz geistreicher und tiefsinniger Querverweise eng miteinander verstrickt – Maßstäbe, denen ein hellenistisches literarisches Werk, das hohe Ansprüche an sich stellte, unbedingt entsprechen musste. Überdies ist dem Ganzen eine gewisse teleologische Sichtweise eigen, die in der ptolemäischen Wirklichkeit den Höhepunkt der Geschichte sah, auf die seit eh und je alles zustrebte. Dieser ptolemäisch-höfische Rahmen ist gerade in der Abschlussepisode am deutlichsten zu fassen. Hier belauscht man den Monolog der Locke der Berenike II., der neuvermählten Frau von Ptolmaios III. Euergetes, in dem man erfährt, wie sie unter die Sterne eingereiht wurde.[169] Die Aitiologie, d. h. das Finden der Ursache, ist also in diesem Fall ein geistreiches Mittel der höfischen Propaganda. Die königliche Verstirnung als Aktualitätsbezug macht hellhörig, auch was andere zeitpolitische Elemente betrifft: Dem *Plokamos* am Ende des vierten Buches entspricht die *Victoria Berenices* am Anfang des dritten, was die beiden Bücher in einen Rahmen ptolemäischer Kontextualisierung stellt.[170]

In diesem Kapitel wird aber Kallimachos' Hauptwerk nicht mit Blick auf seinen höfischen Charakter untersucht, vielmehr soll die vielberufene Liebeselegie ‚Akontios und Kydippe' aus dem dritten Buch der *Aitien* besprochen werden. Obwohl es Stimmen gibt, die hinter der erotischen „Novelle" historische Allusionen wahrnehmen, die das Verhältnis der Insel Keos zur ptolemäischen Machtpolitik betreffen,[171] sind diese Bezüge denkbar spekulativ, und man tut dem Gedicht viel-

---

[168] Vgl. Kapitel 2.2.
[169] Die *Coma Berenices* haben wir bereits in einem früheren Kapitel (2.3) kennengelernt.
[170] Zur das gesamte Werk durchdringenden ptolemäischen Dynamik vgl. Harder 2012 I, S. 2–12.
[171] Cameron 1995, S. 258. Neuerdings versucht Clayman 2014, S. 89–93 die Gestalt Kydippes mit der Berenikes zu verbinden (nicht zuletzt wegen des sprechenden Namens

leicht nicht Unrecht, wenn man es „nur" als meisterhaft erzählte Liebesgeschichte interpretiert. So wurde die Elegie auch von den in puncto Kallimachos nicht unberufenen Römern bewertet, wenn Ovid den unversöhnlichen Gegensatz zwischen Helden- und Liebesdichtung so formuliert: *Callimachi numeris non est dicendus Achilles, / Cydippe non est oris, Homere, tui.* (*rem. am.* 381 f.: „Im [elegischen] Versmaß des Kallimachos können die Heldentaten des Achilles nicht besungen werden, Kydippe aber passt dir, Homer, nicht zum Mund"). Dieses Zitat beweist, dass die kallimacheische Aufarbeitung der keischen Geschichte als Paradebeispiel der Liebeselegie galt. Sogar jene Forschungsmeinung wurde verfochten, derzufolge die lateinische Elegiedichtung eine Romanisierung der kallimacheischen *Aitia* darstellt.[172]

Kurz skizziert lautet die Geschichte folgendermaßen: Akontios von Keos erblickt auf dem delischen Artemis-Fest das schöne naxische Mädchen, Kydippe, und verliebt sich auf der Stelle in sie. Er heckt einen Plan aus, wie sie ihm gehören könnte, und ritzt in einen Apfel die Aufschrift ein: „Ich werde Akontios' Frau sein!". Er bringt es mit List zuwege, dass der Apfel Kydippe unter die Füße rollt, das arglose Mädchen hebt ihn auf, liest die Worte vor, und der laut ausgesprochene „Eid" wird vor der Göttin sofort rechtsverbindlich. Nach einigen Komplikationen (Sträuben des Vaters gegen die Ehe) kommt es am Ende tatsächlich zur Hochzeit der beiden. So weit die Geschichte. Was in unserem Fragment nicht steht, kann aufgrund der Prosa-Erzählung im fiktiv-literarischen Brief des Aristainetos suppliert werden, der sich höchstwahrscheinlich direkt vom hellenistischen Dichter inspirieren ließ.[173] Der kallimacheische Text (*Ait. fr.* 75) beginnt mit den drei misslungenen Versuchen des Vaters Kydippes, das Mädchen mit anderen heiratswürdigen Nupturienten zu vermählen. Man hört zunächst einmal von den Hochzeitsriten auf Naxos,[174] die mit dem ἱερὸς γάμος von Zeus und Hera verglichen werden – das Ganze beschwört ironischerweise die berüchtigte Sotades-Affäre herauf, wird aber angesichts deren hoher Bedenklichkeit gleich abgebrochen.[175] Der wegen des durch äußerliche Umstände bedingten Fiaskos betrübte Vater wendet sich an das Apoll-Orakel von Delphi, wo er erfährt, dass niemand anderes der rechtmäßige Gemahl seiner Tochter sein kann als Akontios. Er sollte sich aber – so der Zuspruch des Gottes – keineswegs des auserkorenen Schwiegersohns schämen: Mit dieser Ehe wird sich nämlich kein Blei mit Silber, sondern Elektron mit Gold verquicken. Denn während er selbst vom athenischen Kodros abstammt, ist der

---

[Kydippe = ‚die durch ihre Pferde Berühmte'], was eine Anspielung auf den nemeischen Wagensieg Berenikes II. enthalten könnte).

[172] Das repräsentative Plädoyer dafür ist Puelma 1982.
[173] Vgl. Harder 2012 I, S. 242–246 (*Ait. fr.* 75b).
[174] Eine derartige rituelle Defloration ist volkskundlich belegt. Vgl. z. B. den *Kiltgang*, wobei am Vorabend der Hochzeit der Bräutigam eine Art Frauenentführung imitieren sollte: Er stieg verstohlen zum Fenster der Braut hinein und verbrachte die Nacht in ihrem Schlafgemach.
[175] Siehe oben (Kapitel 2.3).

Jüngling von Keos ein Spross der Priesterschaft des Zeus Ikmaios, die ihren Stamm auf Aristaios, den Sohn Apolls und Kyrenes, zurückführt. Damit steht der glücklichen Vollendung nichts mehr im Wege:

χἠ θεὸς εὐορκεῖτο καὶ ἥλικες αὐτίχ' ἑταίρης
εἶπον ὑμηναίους οὐκ ἀναβαλλομένους.
οὔ σε δοκέω τημοῦτος, Ἀκόντιε, νυκτὸς ἐκείνης
ἀντί κε, τῇ μίτρης ἥψαο παρθενίης,
οὐ σφυρὸν Ἰφίκλειον ἐπιτρέχον ἀσταχύεσσιν
οὐδ' ἃ Κελαινίτης ἐκτεάτιστο Μίδης
δέξασθαι, ψήφου δ' ἂν ἐμῆς ἐπιμάρτυρες εἶεν
οἵτινες οὐ χαλεποῦ νήιδές εἰσι θεοῦ.   (*Ait. fr.* 75. 42–49)

Die Göttin erwies sich nicht als falsche Zeugin, und die Kameradinnen des Mädchens haben sofort und ohne Verzug die Hochzeitslieder gesungen. Ich denke nicht, Akontios, dass du damals jene Nacht, in der du der Braut den Gürtel löstest, eingetauscht hättest weder gegen die Knöchel des Iphikles, die über die Ährenhalme dahingleiten, noch gegen das, was Midas von Kelainai an Reichtum hinterließ. Mögen diejenigen mein Urteil bezeugen,[176] die nicht unkundig dieses schwierigen Gottes sind.

Das Glück des neugebackenen Ehemanns wird auf eine sehr kallimacheische Weise nicht unmittelbar, sondern durch den obigen Erzählkommentar geschildert. Der Dichter tritt plötzlich vor die Kulissen seiner Erzählung, redet die fiktive Person an,[177] und erklärt ihm, wie glücklich er sich schätzen sollte. Dieses rhetorische Mittel schafft zum einen ironische Distanz zum Gegenstand, zum anderen erlangt das Beschriebene über die mythologischen Beispiele (Iphikles' sagenhafte Schnelligkeit, Midas' grenzenloser Reichtum) eine erhöhte Objektivität.[178] Daraus kann man ersehen, dass das Ziel der kallimacheischen Liebeselegie nicht die subjektive Schilderung von Gefühlen ist, sondern deren objektive Darstellung.

Danach erfährt man – als würde man eine hesiodeische Genealogie lesen –, welche ausgezeichneten Helden auf Akontios folgten. Gegen Ende der Episode könnte beim Leser die berechtigte Frage auftauchen, worin denn das Aition besteht, auf das es hinauslaufen müsste. Eine Antwort ist gerade die Genealogie der Akontiaden. Es hat aber damit auch eine andere Bewandtnis. Kallimachos verrät seinem Leser und seinem Protagonisten – wieder eine Anrede: Κεῖε – „du von

---

[176] Die Rechtsmetaphorik schafft eine Rahmenstruktur: εὐορκεῖτο (V. 42: Gottheit) ~ ἐπιμάρτυρες (V. 48: die Liebeserfahrenen). Zur Zuverlässigkeit des Gottes vgl. Kall. *h.* 2. 68 (ἀεὶ δ' εὔορκος Ἀπόλλων) und – wohl unter kallimacheischem Einfluss – Prop. 4. 6. 57 (*vincit Roma fide Phoebi*).
[177] Zur Apostrophierung fiktiver (Handlungs)personen auf der Ebene der Narratio vgl. Adorjáni 2012.
[178] Für ein anderes spektakuläres Beispiel des Erzählerkommentars im Artemis-Hymnos siehe unten das Abschlusskapitel über das Nachleben (4).

Keos" –, dass er aus der Lokalchronik seines Landsmanns Xenomedes von Keos geschöpft hat. Somit wird das Aition von vornherein ins ‚Philologische' abgebogen: Es geht um den Ursprung der Akontios-Geschichte selbst:

> ἐκ δὲ γάμου κείνοιο μέγ' οὔνομα μέλλε νέεσθαι·
> δὴ γὰρ ἔθ' ὑμέτερον φῦλον Ἀκοντιάδαι
> πουλύ τι καὶ περίτιμον Ἰουλίδι ναιετάουσιν,
> Κεῖε, τεὸν δ' ἡμεῖς ἵμερον ἐκλύομεν
> τόνδε παρ' ἀρχαίου Ξενομήδεος, ὅς ποτε πᾶσαν
> νῆσον ἐνὶ μνήμῃ κάτθετο μυθολόγῳ [...]   (*Ait. fr.* 75. 50–55)

> Es war so verordnet, dass aus dieser Ehe ein großer Name hervorgehen sollte. Denn euer Geschlecht, Jüngling aus Keos, das weitverzweigte und hochverehrte, die Akontiaden, bewohnt Iulis auch heute.[179] Diese deine Liebesgeschichte haben wir aber vom alten Xenomedes gehört, der einst die ganze Insel seinen mythologischen Memoiren zugefügt hatte.

Diese „bibliographische Fußnote" reinsten Wassers hat verschiedene Funktionen: Einerseits wird die Quelle, aus der Kallimachos gearbeitet hat, angegeben: Es ist ein Schriftwerk und kein Hörensagen, wie es z. B. im Falle Herodots gewesen wäre.[180] Dies schafft wiederum einen gewissen Abstand und entlarvt die Liebesgeschichte als ‚Buchwissen' aus dem Fundus der alexandrinischen Bibliothek. Das Aition der keischen Novelle (Xenomedes) wird ironischerweise letzten Endes das Aition der Kunde und des Werks des Kallimachos.[181] Andererseits bietet diese Notiz dem Philologen die Möglichkeit, den Inhalt des Werks über Akontios hinaus zu exzerpieren.[182] Es folgen nämlich etwa 20 Verse Inhaltswiedergabe (*epitome*) mit manchen ortsgeschichtlichen Raritäten, die Xenomedes in seinem Bericht aufgezeichnet hat. Mitten in der Aufzählung steht V. 64, in dem die Wendung ἐν δ(ὲ) zweimal (als bukolische Anapher) vorkommt. Dieser Ausdruck (etwa: ‚darin', d. h. in der Darstellung) ist ein wiederkehrendes Versatzstück epischer Ekphraseis, mit häufigem Vorkommen in der Schildbeschreibung der *Ilias*.[183] Die geistreiche Übernahme besteht darin, dass die Floskel umgewidmet wird, um statt im Bereich der visuellen Künste in dem einer schriftlichen Fixierung auf der Papyrusrolle zu fungieren.

Im Schlussteil des Aitions verschmilzt der aktuelle Gedichttext mit seiner quellenkundlichen Vorlage, und Kallimachos wird zu einer Art Doppelgänger des Xenomedes:

---

[179] Iulis ist eine der vier ionischen Städte auf Keos (s. oben 3.2).
[180] Obzwar das Verb ἐκλύομεν als bewusste Strategie Wahrnehmen durch Hörensagen vortäuscht.
[181] Vgl. Harder 2012 II, S. 542 f.
[182] Das lateinische Fachwort *excerpere* ist eine botanische Metapher (‚auf- und auslesen'), woher auch ‚Blütenlese' stammt (vgl. ‚Anthologie' mit S. 16 Anm. 24).
[183] Zu den Einzelheiten vgl. das vorige Unterkapitel (3.3.1.3).

(...) εἶπε δέ, Κεῖε,
ξυγκραθέντ' αὐταῖς ὀξὺν ἔρωτα σέθεν
πρέσβυς ἐτητυμίῃ μεμελημένος, ἔνθεν ὁ πα[ι]δός
μῦθος ἐς ἡμετέρην ἔδραμε Καλλιόπην.   (*Ait. fr.* 75. 74–77)

[...] und hat erzählt, keischer Jüngling, deine heiße Liebesgeschichte, die diesen Städten beigesellt wurde, der Doyen der wahrheitsgetreuen Rede –[184] und von hier floss die Legende des Knaben in unsere Dichtung.

Die Wahlverwandtschaft zwischen Ego und Alter ego wird durch den Ausdruck ἐτητυμίῃ μεμελημένος besiegelt, sind doch pedantisches Wahrheitsstreben und pingelige Genauigkeit (ἐτητυμίῃ) Eigenschaften, die sowohl den Chronisten als auch den Philologen, der sich gerade in den *Aitien* im Gespräch mit den Musen von seiner Wissbegierde leiten lässt, auszeichnen.[185] Xenomedes' Archäologie avanciert mithin zum Archetyp philologischer Arbeitsweise.

Zuguterletzt gewinnt jedoch das dichterische Selbstbewusstsein des Kallimachos Oberhand: Der letzte Vers (der auch ein *versus tetracolus* ist: ein aus drei Worten bestehender Pentameter) endet mit dem Namen der Muse Kalliope. Obgleich dieser hier nicht unmittelbar ein göttliches Wesen bezeichnet, sondern metonymisch für die Dichtkunst des Kallimachos steht,[186] kann nicht außer Acht gelassen werden, dass das sorgfältige, doch trocken-prosaische Werk des Xenomedes erst durch Kallimachos' Aufarbeitung (ἡμετέρην) ‚schönklingend' (Καλλιόπη),[187] d. h. zur Poesie wird.

---

[184] Dieser Ausdruck kann als hinausgezögerte Apposition des V. 54 genannten Namens des Schriftstellers interpretiert werden: Somit wird das Resümee seines Werks – gleichsam bei einem bibliographischen Eintrag – von seiner Namensangabe (*sphragis*) umrahmt.
[185] Zum Werk als einer Art ‚Wissenspoesie' vgl. Hutchinson 2003. Es ist bezeichnend, dass nur die Meinung derjenigen zählt, die als Experten der Liebe gelten (V. 49: οὐ [...] νήιδες [...] θεοῦ). Man fühlt sich an den Prolog des Gesamtwerks erinnert, in dem Kallimachos die ‚unwissenden' Telchinen unter Beschuss nimmt, die keine Freunde der Muse sind (*Ait. fr.* 1. 2: νήιδες ... Μούσης οὐκ ... φίλοι). Man beachte auch, dass das antike Etymologisieren den Stamm der gesungenen Dichtung (ἀειδ-) auch mit dem des Wissens (εἰδ-) zusammenbrachte. Vgl. Hardie 2000.
[186] Ähnlich auch am Schluss der gesamten *Aitien* (*Ait. fr.* 112. 9: Μουσέων πεζὸν [...] νομόν) als Bezeichnung dafür, dass im Gesamtwerk auf die Bücher der *Aitien* das der *Iamben* folgte (die Metapher ergab den lateinischen Ausdruck *Musa pedestris*).
[187] Zu den etymologischen Assoziationen dieses Musennamens vgl. Hardie 2009, S. 12–15.

3.3.3 Die Gottwerdung der Königin (*Ektheosis Arsinoes*)

Die ‚Gottwerdung Arsinoes' (*fr.* 228 Pfeiffer), deren Trümmer in der Länge von 75 Versen auf zwei Seiten eines Papyrus aus dem 4–5. Jhd. n. Chr. (P.Berol. 13417 A^{r-v}) überliefert sind, dürfte nicht nur ein repräsentativ-höfisches Gedicht aus dem Frühwerk des alexandrinischen Dichters gewesen sein, sondern eines der schönsten und – was mehr ist – tiefsten Gedichte seines gesamten Œuvre. Intellektualität und verfeinerte Allusionstechnik sind nicht immer gleichbedeutend mit Tiefsinn. Bei der *Ektheosis Arsinoes* tragen jedoch die gelehrten Spiele zur tiefen Innigkeit des Gedichts bei. Schöneres zur aufwühlenden Problematik des Todes und den Formen der Unsterblichkeit ist wohl kaum gesagt worden. Außerdem ist der Text von einer so feinen Allusivität geprägt, dass man durch eine einfühlsame Analyse die hellenistische Dichtkunst auf ihrem höchsten Niveau bewundern kann.

Ich gehe von der Voraussetzung aus, dass die vier ‚lyrischen Gedichte' (*fr.* 226–229) nach den Iamben eine Gruppe *sui generis* bilden. Die bei Suda (s. v. Καλλίμαχος [Pfeiffer 1953 II XCV 12]) vorkommende und auch von Pfeiffer mit Vorbehalt gebrauchte Benennung μέλη[188] halte ich immer noch für die beste Wiedergabe des Befundes, wenn man unter Lyrischem auch stichisch Gebautes versteht.[189] Ist dem so, dann kann nach einem bestimmten Kohäsionsprinzip innerhalb dieses Zyklus gefragt werden.

Das erste Gedicht hebt mit Lemnos an (und dürfte den lemnischen Frevel zumindest gestreift, wenn nicht behandelt haben), und Lemnos ist einer der Schauplätze im Arsinoe-Gedicht. Das zweite Stück beginnt mit Apoll als einem Chorführer, der auch in der Anfangsinvokation der *Ektheosis* eine ähnliche Rolle im Kreis der Musen zu spielen scheint. Darüber hinaus wird im Gedicht laut der Diegese ein nächtliches Gelage (παννυχίς) zu Ehren der Dioskuren geschildert (Dieg. X 6). Die Diegese zum Arsinoe-Stück berichtet, dass die Dioskuren auch dort auftraten als die Gottheiten, die Arsinoes unsterblichen Seelenteil gen Himmel emporgetragen haben (Dieg. X 11 f.). Weiterhin heißt es, dass bei der Pannychis auch Helena besungen wird (Dieg. X 7 f.). Helena ist auch im Arsinoe-Gedicht unterschwellig präsent, da die Entführung der Königin durch die Dioskuren die der Helena, der Schwester der Dioskuren, durch Theseus ins Gedächtnis ruft und Arsinoe mit der mythischen Heroine auf der paradigmatischen Ebene gleichsetzt.

---

[188] Er benutzt sonst (Pfeiffer 1934, S. 43) den Begriff εἰδύλλια (was ebenfalls für einen Lückenbüßer und Notbehelf steht). In seiner Kallimachos-Ausgabe (1949 I, S. 216) wird die Bezeichnung μέλη mit einem Fragezeichen versehen.

[189] Dies wäre nicht beispiellos, zumal κατὰ στίχον gebaute Lieder auch in Sapphos und Alkaios' äolischer Dichtung vorkamen. Aber auch von dieser Traditionslinie abgesehen wäre es nicht angängig, dem Kallimachos lyrische Versuche abzusprechen, nur weil er stichische Metra verwendet und nicht strophisch gedichtet hat. Denn κατὰ-στίχον-Dichtung war das Gebot der Zeit, dem Kallimachos weder ausweichen wollte noch konnte. Lyrische Signatur konnte er daher seinen Gedichten nur aufdrücken, indem er seltene Versformen wählte.

Diese Ähnlichkeit bekundet sich vor allem darin, dass sowohl Helena als auch Arsinoe eine göttliche Erhöhung (Apotheose) beschieden ist, indem die erstere nebst den Dioskuren an den Himmel versetzt wird, die letztere die Mondsphäre streift, bevor ihr Kult gegründet wird. Der *Branchos* (*fr*. 229) behandelt ein wichtiges milesisches Kult-Aition, die Gründung des Apoll-Tempels (Didymäum). Dieses aitiologische Interesse prägt auch das Arsinoe-Gedicht, das auf den Kult der Arsinoe als Aphrodite Zephyritis mit ihrem Heiligtum auf der Halbinsel Kanopos hinauszulaufen scheint (Dieg. X 12 f.: βωμὸν καὶ τέμενος αὐτῆς καθιδρῦσθαι πρὸς τῷ 'Ἐμπορίῳ).[190] Beide Themen werden auch in den *Aitien* behandelt, das milesisch-didymäische wohl als *hors d'œuvre* eines anderen Aitions (Standbild des delischen Apoll: *fr*. 114.1–3 Pfeiffer; Ende von ‚Onnes': *fr*. 113f Harder) im dritten Buch, das kanopitische als Voraussetzung der ‚Locke der Berenike' (*fr*. 110. 53–58) im vierten. So erweisen sich beide Gedichte als lyrische „spin-offs" der elegischen Aufarbeitung zweier Kult-Geschichten von unterschiedlichem Gesichtspunkt: In den *Aitien* steht der milesische Tempel im Vordergrund, im *Branchos* der Gründerheros selbst; in den *Aitien* die Erhebung der Locke der Berenike II. unter die Gestirne, in der *Ektheosis* die Vergöttlichung der Arsinoe II., die, ähnlich wie Berenikes Locke als Gestirn an den Himmel, unter das Bild des Wagens versetzt wird, und – wie das in der ‚Locke der Berenike' zur Vorgeschichte gehört – einen Kultus als Aphrodite Zephyritis auf Erden erhält. In diesem letzteren Fall wird also eine narrative Voraussetzung und Vorgängerepisode, gleichsam ein Aition des Aitions, nachgeliefert und genau dargestellt. Damit wird der Leser zu einem ‚Ergänzungsspiel' eingeladen.[191]

Die beiden letzteren Gedichte (*Ektheosis* und *Branchos*) scheinen über die aitiologische Anlage hinaus auch durch die Behandlung von Themen verbunden zu sein, die für die ptolemäische Politik und Ideologie von Belang waren (neben Ephesos war Milet eine historische Ortschaft der kleinasiatischen Küste, die das ptolemäische Machtstreben für sich zu vereinnahmen trachtete).[192] Diese ‚ernstpolitischen Gedichte' heben sich von den beiden ersteren, die eher informell gehalten zu sein scheinen, ab. Am stärksten ist dieser Unterschied der Tonlage zwischen *Pannychis* und *Ektheosis* zu spüren: Ein offensichtlich fröhliches, sympotisches Lied steht einem erhabenen Klagelied an die Adresse der verstorbenen Königin gegenüber.

---

[190] Zu dieser Hypothese vgl. die Ausführungen am Kapitelende.
[191] Der von Bing 1995 eingeführte Terminus war zuerst auf die Epigramme gemünzt.
[192] Dies wird auch durch das besondere Augenmerk erhärtet, das in Kallimachos' Artemis-Hymnos der milesischen Artemis (Chitone) gilt (*h*. 3. 225–227). Vgl. Parke 1986, S. 129 f. und Ehrhardt 2003, S. 284–287. Cameron 1995, S. 172 plädiert für die prägende Präsenz des Ptolemaios Philadelphos im Branchos-Gedicht, was seine Stellung in der Nachbarschaft des Arsinoe-Gedichts erklären würde.

Eine einfache Zuordnung der *Ektheosis* wird wohl kaum möglich sein. Aufgrund ihres lyrischen Charakters kann sie am ehesten das Gattungsetikett ‚Threnos' beanspruchen. In den pindarischen Threnoi dürften wohl Gnomik und Mythos im Vordergrund gestanden haben. Dies scheint auch auf die simonideischen zuzutreffen, mit denen sich der keische Dichter einen Namen erworben hat. Von beiden ist bei Kallimachos nichts zu finden. Der Mythos wird ersetzt durch heroisch-religiös verbrämte ptolemäische Politik, in der Gestalten der klassischen Mythologie (Charis, Hephaistos [abwesend]) und Orte (Henna, Lemnos) eine subalterne Rolle spielen.

Gemäß der unkonventionellen Textur des „Threnos" wird auch dessen narrative Qualität erhöht und durch elegische Gattungsmerkmale angereichert. Der Ursprung der Elegie wird des Öfteren gerade im Bereich der Totenklage gesucht. Kallimachos schreibt indes eine politische Elegie im wahren Sinne des Wortes, wobei der narrative Strang in der aktuell-zeitpolitischen Dimension anzusiedeln ist. Damit tritt Kallimachos in die Fußstapfen des Simonides, der in seiner zeitnahen Plataia-Elegie ein ruhmvolles Geschehnis aus der unmittelbaren Vergangenheit aufarbeitet. Die historische Elegie mit lokalgeschichtlich-zeitpolitischem Schwerpunkt hat ihre Tradition und Vertreter von Mimnermos (*Smyrneis*) bis hin zu einer Behandlung des Keltenkriegs im 3. Jhd. v. Chr., deren Verfasser unbekannt ist. Simonides' Plataia-Elegie, deren größere Bruchstücke dank der Publikation des ‚Neuen Simonides' im Jahre 1992 durch P. Parsons (PapOxy 3965, Bd. 59, 4–50) zugänglich geworden sind, dürfte jedenfalls ein Höhepunkt und Glanzstück der Form sein. Es sollte also niemanden wundern, dass sich Kallimachos in einer besonders intensiven Weise gerade an dieses Werk angelehnt hat, als er sein eigenes, schwer klassifizierbares Gedicht klassisch-literarischen Vorbildern anzunähern trachtete. Auf die Simonides-Nachfolge bei Kallimachos kommen wir gleich noch zurück.

Schließlich trägt auch der *versus Archebuleus* zum elegischen Gepräge des Gedichtes bei: Er ist ein Pentameter, wenn auch spiegelbildlich verkehrt: kein daktylischer, sondern ein anapästischer. In der Formelsprache der Metrik bedeutet das eine Neuordnung der Tradition, also gerade das, was die kallimacheische Dichtung in all ihren Schichten bezweckt.

Im Folgenden wollen wir einen kursorischen Blick auf den Text werfen und seinen Aufbau sowie sein Wesen ergründen, soweit dies angesichts des hohen Zerstörtheitsgrads des Fundes und der räumlichen Beschränktheit dieser Erörterungen angeht. Der Prolog besteht aus vier Versen und ruft die Muse sowie Apoll an, dem Dichter bei seiner Arbeit beizustehen:

Ἀγέτω θεός, οὐ γὰρ ἐγὼ δίχα τῶνδ' ἀείδειν
  π]ροποδεῖν Ἀπόλλων
  ]κεν δυναίμαν
  κατ]ὰ χεῖρα βᾶσαι.   (V. 1–4)

Die Gottheit möge mich leiten, denn ohne diese [wollte] ich nicht singen, [und wenn sich] Apoll [nicht beigesellte, um] mir voranzuschreiten, wäre ich wohl [nicht] imstande, [den Musenwagen] unter die Kontrolle meiner Hände zu bringen.

Die scheinbare Inkonzinnität des Anrufs und des γάρ-Satzes (θεός [...] τῶνδ') ist in Wahrheit eine feine Gradation: Zuerst wird eine Gottheit (θεός) unbestimmt (ohne Genusindikator) angerufen, daraufhin wird durch das eine unmittelbare Anwesenheit ausdrückende deiktische Pronomen (τῶνδ') eine Mehrzahl eingeführt, die die Musen umfassen soll (im Rückblick entpuppt sich also θεός als abstrakter Sammelbegriff für sie) und kataphorisch-proleptisch auch Apoll mit einbegreifen könnte (als eine weitgefasste Klasse musischer Gehilfen). Danach muss eine Konkretisierung durch explizite Nennung erfolgt sein. Dabei steht in abwechselnder Reihenfolge dem Ausdruck der Bereitschaft des Dichters (V. 1: ἀείδειν ~ V. 3: δυναίμαν) der seiner Hilfsbedürftigkeit gegenüber, was die musischen Gottheiten (Musen und Apoll) als Akteure auf den Plan ruft (V. 2: π]ροποδεῖν Ἀπόλλων ~ V. 4: κατ]ὰ χεῖρα βᾶσαι).

Die Bitte an die Musen um Stoffreichtum und um das Vermögen zu singen ist von der epischen Tradition in die Chorlyrik übergegangen. Es handelt sich um einen Passus in Ibykos' Polykrates-Lied:

καὶ τὰ μὲ[ν ἂν] Μοίσαι σεσοφι[σ]μέναι
εὖ Ἑλικωνίδ[ες] ἐμβαίεν †λόγῳ,
θνατ[ὸ]ς† δ' οὔ κ[ε]ν ἀνήρ
διερὸς τὰ ἕκαστα εἴποι (...)   (fr. S151. 23–26 PMGF)

Was diese Themen anbelangt, wüssten die kenntnisreichen helikonischen Musen wohl in die Rede zu treten (~ sie zu gestalten), aber ein sterblich-lebender Mann wäre außerstande, jedes einzelne zu erzählen.

Obwohl die Musenanrufung hier im Gefolge Homers die Mythoserzählung unterstützt, ist der Tenor des Gedichtes, in dem der trojanische Mythos mit Paradigma-Funktion eingebettet ist, eminent politisch (nach unserem Überlieferungsstand wohl das erste lyrische Gedicht mit einem thematischen Schwerpunkt im Bereich der Herrscher-Enkomiastik). Dies mag auch Kallimachos bewusst gewesen sein und ihn zur Einsetzung des Musenanrufes in seinem politischen Lied an Arsinoe mit bewogen haben. Ein ins Gewicht fallender verbaler Zusammenklang zwischen beiden Texten ist zudem das Vorkommen des Motivs des Schreitens im imaginären Raum der Narratio (ἐμβαίεν [intransitiv] ~ βᾶσαι [transitiv]). Dies wird – wie wir gleich sehen werden – mit einer pindarischen Allusion verquickt und dem Bild des Musenwagens verbunden.

Diese lyrische Musenanrufung wurde nun auch von Simonides in seiner Plataia-Elegie, die Kallimachos als wichtigstes Vorbild vorgeschwebt haben mag, rezipiert:

[ἀλλὰ σὺ μὲ]ν νῦν χαῖρε, θεᾶς ἐρικυ[δέος υἱὲ]
  [κούρης εἰν]αλίου Νηρέος· αὐτὰρ ἐγώ
[κικλήσκω] σ᾽ ἐπίκουρον ἐμοί, π[ολυώνυμ]ε Μοῦσα,
  [εἴ πέρ γ᾽ ἀν]θρώπων εὐχομένω[ν μέλεαι·
[ἔντυνο]ν καὶ τόνδ[ε μελ]ίφρονα κ[όσμον ἀο]ιδῆς
  [ἡμετ]έρης, ἵνα τις [μνή]σεται ὕ[στερον αὖ]
[ἀνδρῶ]ν (...)   (*fr.* 11. 19–25 West²)

Nun aber leb wohl, du Sohn der ruhmreichen Göttin, der Tochter des Meerbewohners Nereus. Ich aber rufe dich, vielnamige Muse, als Helferin an, wenn dir flehende Menschen am Herzen liegen, schirr an auch diesen süßen Schmuck unseres Gesangs, damit man später der Männer gedenken möge [...].

Eine besondere Ähnlichkeit dieser Anrufung mit der des Kallimachos besteht darin, dass in unmittelbarer Nähe der Museninvokation ein(e) zweite(r) AdressatIn apostrophiert wird: Bei Simonides wird zuerst Achilleus als mythisches Paradigma in hymnischem Stil (χαῖρε) verabschiedet, bevor sich der Dichter an die Muse wendet, bei Kallimachos folgt auf den Musenanruf ein zweiter Vokativ (Arsinoe als νύμφα). Sowohl Arsinoe als auch Achilleus sind auf der (halb)göttlichen Ebene angesiedelt, allerdings ist das Verhältnis der mythisch-göttlichen zur menschlichen Welt bei Simonides noch rein paradigmatisch (der Mythos dient als Bezugspunkt für die historische Gegenwart), während bei Kallimachos beide ineinanderfließen: Götter oder göttlich verehrte Wesen (Charis, Philotera) agieren auf der menschlichen Ebene, und Menschen (Arsinoe) werden zu Göttern.

Außerdem wird nach Wests Rekonstruktion innerhalb der hymnisch-mythischen Partie der simonideischen Elegie auch Achilleus' Tod und Leichenbegängnis erwähnt (*fr.* 11. 1–8 West²: Schilderung der allgemeinen Trauer nach dem Ableben Achills, ähnlich der Konsternation der Untertanen hinsichtlich des Todes der Königin). Dieses ‚threnodische' Moment wäre ein weiteres Verbindungselement zwischen beiden Gedichten. In dieser Hinsicht ist bezeichnend für Kallimachos' Umgang mit seinem Hypotext, dass er einen durch Motive der menschlichen Vergänglichkeit und eines gewissen nostalgischen Gefühls angereicherten Passus zum Ausgangspunkt nimmt für ein im Stimmungsgehalt durchaus andersgeartetes Gedicht und damit einen partikulären Einzelzug des Vorbildes zum beherrschenden Tenor seines eigenen Werks erhebt.

Durch die Ausdrücke ἀγέτω, π]ροποδεῖν, κατ]ὰ χεῖρα βᾶσαι tritt zugleich ein weiteres Motiv in den Vordergrund: das des Musengespanns des Dichters. Apoll zeigt dem Dichter die Richtung, sodass er unter seinem und der Musen Beistand den poetischen Wagen auf den richtigen Weg bringen kann (Zeugma und Brachylogie von ‚[auf den Weg] bringen' und ‚[die Zügel] in die Hand nehmen'; beim

Infinitiv βᾶσαι dürfte der Einfluss von Pind. *O*. 6. 24: ὄφρα κελεύθῳ τ' ἐν καθαρᾷ / βάσομεν ὄκχον [„auf dass wir den Wagen auf eine reine Bahn stellen"] zu vermuten sein).[193] Damit wird noch einmal der Artemis-Hymnos beschworen, in dessen Binneninvokation (V. 140 f.) die Adressatin (Göttin, Muse und Gegenstand des Hymnos) auf einem Wagen einziehend (auf den Olymp und zugleich in ihr Lied) dargestellt wird. Da Arsinoe als ‚fahrend unter das Sternbild Wagen' (V. 5 f.) erscheint, ist die Analogie ‚Göttin/Muse ~ Königin' auch hierdurch bekräftigt: Die Muse lässt den Dichter auf ihrem Wagen fahren, die Königin kommt gleichsam am Ende ihrer Laufbahn verklärt an den Himmel.

Darüber hinaus wird auch der Anfang des dritten Buchs der *Aitien* über Berenikes nemeisches Wagenrennen (*Ait. fr*. 54 Harder) evoziert: Dort handelt es sich um ein konkret-sportliches Wettrennen, hier um ein bildlich-metaphorisches, den Einzug in die Sphäre der Unsterblichen. Auch die Benennung νύμφα findet zweierlei Erklärung: Dadurch, dass im Artemis-Hymnos die Göttin Jungfrau ist und des Öfteren im Beisein von νύμφαι erscheint, wie auch dadurch, dass Berenike II. ebenfalls als νύμφα in ihrer Eigenschaft als Braut des Ptolemaios Euergetes im dritten Aitienbuch bezeichnet wird (*Ait. fr*. 54. 2 Harder). Arsinoe fliegt nach ihrem Tod an der Mondsphäre vorbei in den Bereich unterhalb des himmlischen Wagens (V. 5 f.: νύμφα, σὺ μὲν ἀστερίαν ὑπ' ἄμαξαν ἤδη / [...] κλεπτομέν]α παρέθει<ς> σελάνα). Die Erwähnung des Mondes rührt nicht nur vom Umstand her, dass Arsinoe bei Vollmond starb und ihre Seele auf dem Weg zum Wagen am Mond vorbeieilen musste. Kallimachos dürfte sich einer Tradition bedient haben, nach der die elysischen Gefilde dem Mond gleichzusetzen seien, womit sich Persephone als Königin der Unterwelt der Mondsphäre assoziiere. Der Mond ist zugleich von astronomischem Gesichtspunkt her die Übergangssphäre zwischen der sterblichen und der unsterblichen Welt. Dies ist wichtig, weil im Gedicht zunächst einmal unentschieden bleibt, welches Schicksal Arsinoes unsterblicher Entelechie bevorsteht: Wird sie sich zu den Göttern emporschwingen oder sich zur Erde zurückwenden? Diesem Schwebezustand entspricht einerseits die Tatsache, dass Arsinoes künftige Wohnstätte nur unscharf angedeutet wird (am Mond <u>vorbei</u> <u>unterhalb</u> des Wagens), andererseits das tastende Suchen und bange Entgegenharren, das sowohl die menschliche Sphäre als auch die göttliche nach dem Ableben der Königin in Atem hält. Am Ende stellt sich heraus, dass Arsinoe nicht vollständig in die Götterwelt eingeht, weil ihr Andenken in Form eines Kultes auf Erden weiterlebt. Mithin kehrt sie von der himmlischen Sphäre zur Erde zurück.

---

[193] Zur pindarischen Stelle s. unten das Abschlusskapitel 4.

Die Persephone–Mond-Assoziation führt uns zum wohl wichtigsten Bezugstext, dem homerischen Demeter-Hymnos, der die Struktur des kallimacheischen Gedichts von Grund auf bestimmt. Nachdem Alexandria und seine Einwohner geschildert sind, die sich über den Verlust ihrer geliebten Königin grämen, betritt Philotera, Arsinoes früher verstorbene Schwester, die in Sizilien als Demeter verehrt wird, die Szene (V. 43). Sie kommt von Henna her und wird auf Lemnos, der Heimat des Hephaistos, des qualmenden Feuers am Ufer Ägyptens gewahr, was sie mit Bangen erfüllt (V. 43–46). Sie will dieser unheilvollen Erscheinung auf den Grund kommen und schickt Charis, die Gattin des Hausherrn, aus, damit sie vom Athos aus die Ursache des merkwürdigen Vorfalls erspähe (V. 47–51). Die Herkunft aus dem sizilischen Henna sowie das verzweifelte Suchen nach etwas Unbekanntem sind die Momente, die Philoteras Gestalt der der Demeter des homerischen Hymnos annähern, die ihrer Tochter auf die Spur zu kommen sucht. Damit entsprechen einander sinngemäß Arsinoe (Schwester Philoteras) und Persephone (Demeters Tochter) – eine Verbindung, die von Kallimachos auch durch die astronomisch-eschatologische Symbolik der Reise der königlichen Seele über die Mondsphäre hinaus bekräftigt wird. Sowohl Arsinoe als auch Persephone befinden sich, als sie gesucht werden, im Totenreich: Persephone bei Hades (in der Unterwelt), Arsinoe in der Nähe einer „oberen" Unterwelt, des „Elysium" der Mondsphäre. Außerdem wurden sie beide ‚hinweggerafft': Persephone von Hades in die Unterwelt, Arsinoe von den Dioskuren in den Himmel.

Auch der versöhnliche Ausklang beider Gedichte lässt sich vergleichen. Im homerischen Hymnos stellt Hades seiner jungen Braut göttliche Ehren in Aussicht und Herrschaft über alles, was lebt und webt (V. 364–369). Nach der Diegese endete das Arsinoe-Gedicht mit der Erwähnung des Kultes der Königin (Dieg. X 12 f.). Ein mögliches Szenario dafür könnte eine Prophezeiung sein. In diesem Sinne enthüllt Charis Philotera den Tod ihrer Schwester und versichert ihr, dass auch ihr göttliche Verehrung zuteilwird. Kallimachos dürfte dabei seine Leser auch vermittels eines etymologischen Spiels auf diesen Ausgang hingeführt haben: Die sprechenden Namen ‚Charis' und ‚Philotera' stehen beide mit der ‚Liebe' im Zusammenhang, die gleichsam ein dynastisches Symbol von Ptolemaios II. und Arsinoe II., ‚der bruderliebenden' (φιλάδελφος), darstellt, ein Beiname, den Arsinoe erst nach ihrem Tode erhalten und den sich auch ihr Gatte zugelegt (‚schwesterliebender') und fortan getragen hat. Kallimachos dürfte sich einer *vaticinatio ex eventu* bedient haben, indem er Charis, den personifizierten ‚Liebreiz', vorhersagen lässt, dass Arsinoe als Aphrodite, Göttin der Liebe, weiterwirken und verehrt werden wird. Dies ist allerdings nur Hypothese – obschon eine sehr naheliegende –, denn das Fragment reißt mitten in der Rede der Charis ab (V. 67–75), die Philotera über den wahren Sachverhalt aufklärt.

Dass unter ‚Emporion' (Dieg. X 12 f.: βωμὸν καὶ τέμενος αὐτῆς καθιδρῦσθαι πρὸς τῷ Ἐμπορίῳ) – dem mehrheitlichen Forschungskonsens entgegen – das kanopitische Heiligtum[194] zu verstehen sei, ist ein auf Ökonomieprinzipien beruhender Wahrscheinlichkeitsschluss. Die Halbinsel Kanopos ist ein Alexandria vorgelagertes Kap, auf das die Bezeichnung Ἐμπόριον passt und für das der Kult Arsinoes von Anfang an reichlich bezeugt ist. Der Begriff Ἐμπόριον dürfte dem Diegeten dadurch in die Feder geflossen sein, dass Arsinoe als maritime Göttin mit Seeleuten und Häfen assoziiert war. Es steht nicht fest, wann das Heiligtum nebst Kult der Kypris Zephyritis vom Nauarchen Kallikrates von Samos gestiftet wurde, doch nach dem Tod der Königin, als das Gedicht geschrieben wurde, muss es sicherlich bestanden haben.

Arsinoes „Himmelfahrt" korreliert mit der abschließenden Episode der *Aitien*, der ‚Locke der Berenike'.[195] Die Gleichsetzung der Königin mit Aphrodite Zephyritis und die Entstehung ihres Kultes am Ende unseres Gedichtes ist auch eine nachgetragene Vorgeschichte zur ‚Locke der Berenike', was die beiden Gedichte in ein dialogisches Verhältnis miteinander stellt. Mit der Allusion an den Anfang des dritten Buchs der *Aitien* korrespondiert also die an das Ende des vierten. Somit wird der zeitpolitisch umrahmte Bücherzyklus der Elegien *en miniature* abgebildet und ihre teleologische Anlage reflektiert. Das ermittelte Allusionssystem bezüglich der Eckstücke der *Aitien* III–IV sieht so aus:

Arsinoes Himmelfahrt ~ am Mond entlang ~ *Locke der Berenike* (Gestirn)
zum Wagen ~ *Berenikes Wagensieg*

Arsinoes Kult als Aphrodite ~ *Locke der Berenike* (Arsinoe)

Wenn man nun zum Abschluss das Gedicht auf seine „Kraftlinien" hin überschaut, zeichnen sich zwei Szenen ab: die menschliche mit Arsinoes anonymen Untertanen und die göttliche mit Philotera und Charis im Mittelpunkt. Beide Handlungsebenen sind anfangs von einem Unwissen bestimmt, das sich beide Male in geängstigten Erkundigungsfragen äußert: Arsinoes Untertanen wissen nicht, wohin ihre Königin entschwunden ist und verspüren eine unstillbare Sehnsucht nach ihrer Anwesenheit. Philotera ist ebenfalls vom Unwissen gepeinigt, was sie zum Suchen und Erkundigen bewegt. Schließlich erfährt sie aus berufenem Munde (Charis) von dem ihrer Schwester bevorstehenden Kult. Damit hebt sich das Unwissen auf, und verwandelt sich in wissende Praxis, die beide Sphären miteinander verbindet. Die göttliche Welt trifft auf die menschliche, indem Arsinoe in der Götterwelt Heimatrecht erhält, während ihr Andenken den zurückgebliebenen Sterblichen als Kultus zusteht. Der Gegensatz zwischen Da-Sein und Fern-Sein findet am Ende seinen Ruhepunkt in der kultischen Verehrung, die Arsinoe vonseiten ihrer treuen

---

[194] Vgl. die im Poseidippos-Kapitel behandelten Gedichte (3.2).
[195] Hierzu vgl. eines der Einführungskapitel (2.3).

Untertanen zuteilwird. Kult und Andenken ermöglichen ein vergeistigtes, aber nicht minder intensives Erfahren der Wirkmacht der entschwundenen Königin.

3.4 Apollonios von Rhodos und die Geschichten Libyens

Die Biographie des Apollonios von Rhodos ist uns etwas schleierhaft. Nach dem Großteil der Überlieferung war er Hauptbibliothekar des alexandrinischen Museions, es bleibt aber dahingestellt, ob ihm diese Ehre am Anfang oder am Ende seiner Karriere zuteilgeworden ist. Hinsichtlich der späten Datierung der bibliothekarischen Aktivität kommt in Frage, dass seine Gestalt mit der eines gleichnamigen Apollonios, des sog. Eidographen (d. h. eines Spezialisten für Gattungszugehörigkeitsprobleme), verwechselt worden ist. Die andere legendäre Komponente ist das anfängliche berufliche Fiasko des Dichters: Er hätte dem alexandrinischen Publikum sein Epos über die Abenteuer der Argonauten vorgelesen, war jedoch auf dessen Missfallen gestoßen. Der brüskierte Dichter wäre daraufhin – so heißt es – auf Rhodos in ein freiwilliges Exil gegangen, wo er sein Werk überarbeitet und mit dieser neuen *ekdosis* (,Ausgabe') den erwünschten Beifall geerntet hätte.

Der Wahrheitsgehalt dieser anekdotischen Lebensmomente ist unsicher, sie könnten aber auch bei einer hochkritischen Einstellung signalisieren, dass die Einschätzung seiner *Argonautika* nicht eindeutig positiv war. In der hellenistischen Ästhetik hat die Kürze einen hohen Stellenwert genossen, während Länge meistens abschätzig beurteilt wurde. Man pflegt ein berühmtes, leider kontextlos überliefertes Diktum des Kallimachos zu zitieren: μέγα βιβλίον μέγα κακόν (*fr.* 465: „Großes Buch, großes Übel"). Das Epos des Apollonios ist das einzige alexandrinische Werk dieser Größe, bestehend aus vier Gesängen, deren letzter mit seinen 1781 Versen seinesgleichen sucht und allein gut drei Gesänge der *Ilias* aufwiegt.[196] In dieser Hinsicht ist es in der Tat ein „großes Buch".

Diese Tatsache hat die Legende von der Fehde zwischen Apollonios und Kallimachos in die Welt gesetzt, was zu unmittelbarer Folge hatte, dass der angebliche Rivale zu den Telchinen des programmatischen Prologs der *Aitien*, diesen ebenfalls aus Rhodos stammenden boshaften Zauberern, gerechnet wurde. Ob das berechtigt ist, lässt sich schwer abschätzen. Wir können nur nachprüfen, ob ein gewisser poetischer Prinzipienstreit auf der Ebene der Ästhetik des Werks nachweisbar ist. Die moderne Apollonios-Philologie hat viele Raffinessen und feinen Doppelsinn hinter der traditionellen Fassade entdeckt, die der hellenistischen literarischen Technik alle Ehre machen. Zu dieser Richtung gehört auch die Unter-

---

[196] Der letzte Vers verweist auf ein berüchtigtes Zetema bezüglich der homerischen Frage, wo die *Odyssee* geendet hat. Aristophanes von Byzanz und Aristarchos von Samothrake haben das Ende einhellig in der Szene der Wiedervereinigung des Odysseus mit Penelope erblickt (*Od.* 23. 296), worauf auch der letzte Vers des Epos des Apollonios Bezug nimmt (ἀσπάσι- und das Motiv der Heimkehr).

suchung der Darstellung des Protagonisten Iason, der als ein Vertreter eines neuartigen Heldentums von intellektuellem Typus enthüllt wurde.

Auf den folgenden Seiten schließe ich mich nicht dieser ästhetisierenden Interpretationslinie an, sondern untersuche die Erscheinungsformen des Zeitpolitisch-Höfischen bei Apollonios, was sich bei diesem Autor immer noch als ein unterrepräsentiertes Forschungsinteresse darstellt. Es gab Stimmen, die den *Argonautika* jedwede affirmative Abbildung ptolemäischer Belange abgestritten haben und das mythische Thema sowie seine epische Aufarbeitung als ein dezidiertes Oppositionsverhalten gegenüber der ganzen höfischen Sphäre ausgelegt haben.[197] Wenn es gelänge, den Nachweis zu erbringen, dass hinter der mythischen Verbrämung auch zeitpolitische Bezüge auszumachen sind, würde das Epos in ein ganz anderes Licht treten und mit anderen Werken der Periode, die das politische Interesse miteinander teilen, verschwistert erscheinen.[198] Im Folgenden wird es um zwei Passus gehen, die beide Libyen, das geographische und kulturelle Zentrum des hellenistischen Ägypten, zum Mittelpunkt haben. Die Analyse wird zeigen, dass die zeitgenössische Wirklichkeit auf den leisen Wegen der Allusivität auch in dieses auf den ersten Blick apolitisch scheinende Werk Einzug gehalten hat.

Das vierte Buch schildert die Heimkehr der Argonauten, wobei die Helden mit den Schiffen auf ihren Schultern die Sandwüste Libyens überqueren (V. 1383–1392). Wie es hier von giftigen Schlangen, die dem Blut der Medusa entsprossen sind, wimmelt (V. 1513–1517), so steckt auch der Schlussgesang des Epos voller libyscher Bezüge: Iason erscheinen um Mitternacht die rätselhaften Heroinnen Libyens, um ihm auf die Sprünge zu helfen (V. 1305–1329), dann ist es der Gott Triton beim See Tritonis, der den Argonauten den Ausgang zur offenen See zeigt (V. 1537–1619). Unser Augenmerk wird aber einem Passus gelten, wo die libyschen Beziehungen auf eine ganz subversive Art in Erscheinung treten.

Über den Argonauten Butes lesen wir, dass er von Aphrodite, der Herrin des sizilischen Eryx, vor dem Untergehen, das den Schiffern durch das zauberhafte Singen der Sirenen drohte, errettet wurde:

> νῆα δ' ὁμοῦ ζέφυρός τε καὶ ἠχῆεν φέρε κῦμα
> πρυμνόθεν ὀρνύμενον, ταὶ δ' ἄκριτον ἴεσαν αὐδήν.
> ἀλλὰ καὶ ὣς Τελέοντος ἐὺς πάις οἶος ἑταίρων
> προφθάμενος ξεστοῖο κατὰ ζυγοῦ ἔνθορε πόντῳ
> Βούτης, Σειρήνων λιγυρῇ ὀπὶ θυμὸν ἰανθείς,
> νῆχε δὲ πορφυρέοιο δι' οἴδματος, ὄφρ' ἐπιβαίη,
> σχέτλιος· ἦ τέ οἱ αἶψα καταυτόθι νόστον ἀπηύρων,
> ἀλλά μιν οἰκτείρασα θεὰ Ἔρυκος μεδέουσα
> Κύπρις ἔτ' ἐν δίναις ἀνερέψατο καί ῥ' ἐσάωσεν
> πρόφρων ἀντομένη, Λιλυβηίδα ναιέμεν ἄκρην.   (4. 910–919)

---

[197] Schwinge 1986.
[198] Mori 2008 hat in dieser Hinsicht Pionierarbeit geleistet.

Das Schiff wurde sowohl vom Westwind als auch der vom Achtersteven her sich erhebenden Woge mit Gebrause vorwärtsgetrieben, und der Gesang der Sirenen ließ sich nur noch undeutlich vernehmen. Aber auch so ist der brave Sohn des Teleon als Einziger unter den Argonauten überhastet von der geschliffenen Ruderbank hinab ins Meer gesprungen, Butes, entbrannt in seiner Seele durch die helle Stimme der Sirenen, und schwamm durch das purpurne Gewässer, um hinüberzugelangen, der Arme. Jene waren schon dabei, ihn daselbst sofort um die Heimkehr zu bringen, jedoch hat sich die Göttin Kypris, die Eryx beherrscht, seiner erbarmt, ihn den Wellen entrissen und – ihm freundlich gesinnt – errettet, auf dass er fortan das hohe Lilybaion bewohne.

Ein klar umrissenes Vorbild dieser Entführungsgeschichte ist die Entrückung des Kephalos-Sohns Phaethon in Hesiods *Theogonie*, deren Einfluss auf Theokrits 15. Idylle bereits zur Sprache kam:

τόν [sc. Phaethonta] ῥα νέον τέρεν ἄνθος ἔχοντ' ἐρικυδέος ἥβης
παῖδ' ἀταλὰ φρονέοντα φιλομμειδὴς Ἀφροδίτη
ὦρτ' ἀνερειψαμένη, καί μιν ζαθέοις ἐνὶ νηοῖς
νηοπόλον μύχιον ποιήσατο, δαίμονα δῖον. (V. 988–991)

Diesen [Phaethon], der noch in der zarten Blüte seines ruhmvollen Lebens stand, den leichtsinnigen Knaben, hat die holdlächelnde Aphrodite flugs entführt, und im Innern ihres göttlichen Heiligtums zum Tempelhüter, einem heilig-göttlichen Wesen, erhoben.

Wie Phaethon, so wird auch Butes von Kypris entführt (ἀνερειψαμένη ~ ἀνερέψατο) und in ihr Reich gebracht. Hier ist der erotische Beweggrund ebenso zu fassen, wie in der Geschichte des schönen attischen Epheben, und wie dieser zum Tempeldiener Aphrodites erhoben wurde, wird sich die Göttin auch des Argonauten angenommen haben. Apollonios macht aber durch zwei Fingerzeige deutlich, dass die hesiodeische Erzählung aus einer kallimacheischen Perspektive heraus betrachtet und mit libysch-ptolemäischen Akzenten durchsetzt wird. Die Erwähnung des Zephyros (V. 910) und ein prädikatives Attribut (V. 919: πρόφρων) sorgen dafür, dass der Leser Kypris mit Arsinoe II. Aphrodite Zephyritis in eins sieht: Der Westwind (ζέφυρος) erinnert an den kanopitischen Kult der Königin, während πρόφρων eine Umschreibung des Namens ‚Arsi-noe' (*sanae mentis*) im Zeichen der Herrschertugenden darstellt. Dafür, dass Arsinoe-Aphrodite als Euploia[199] den auf dem Meer verunglückten Schiffern zu Hilfe eilt, findet eine denkbar nahe Parallele in der Butes-Geschichte, wo Kypris den Helden ebenfalls vorm feuchten Grab rettet.

Die durch die hesiodeische Reminiszenz durchschimmernde kallimacheische Perspektive lässt zwei Texte ins Blickfeld treten: die *Ektheosis Arsinoes* und die *Locke der Berenike*, die Apollonios wohl als eine Einheit ansah. In der *Ektheosis*

---

[199] Für diese Eigenschaft der Königin vgl. Poseid. *ep.* 39, 116 und 119 A–B.

ist es Arsinoe(-Kypris), die nach ihrem Tod entrückt wird (Objekt), wohingegen Apollonios und auch der *Plokamos* eine subjektive Sichtweise walten lassen: In diesem letzteren Fall wirkt Arsinoe beim Verschwinden und der Verstirnung der Locke tatkräftig mit, indem sie dieselbe in ihrer eigenen Sphäre empfängt (entweder im kanopitischen Heiligtum oder auf dem Meer oder am Stern Venus),[200] bevor sie ihren endgültigen Sitz am Himmel zugewiesen bekommt. Abgesehen von dieser Antithese sind weitere Analogien zwischen der *Ektheosis* und der hesiodeischen Phaethon-Episode zu verzeichnen. Auf Arsinoes Apostrophe als νύμφα folgt die Beschreibung der himmlischen Route der Königin:

νύμφα, σὺ μὲν ἀστερίαν ὑπ' ἄμαξαν ἤδη
κλεπτομέν]α παρέθει<ς> σελάνᾳ   (V. 5 f.)

Nymphe, du bist, hinweggestohlen wie du warst, am Mond vorübergelaufen hin zum Bereich unterhalb des himmlischen Wagens.

Wir haben gesehen, dass die Entrückung Arsinoes durch die Dioskuren der Persephones durch Hades vergleichbar ist. Hier knüpfen wir an das Partizip κλεπτομέν]α an, das auf dem Papyros bis auf den letzten Buchstaben abgebrochen, jedoch aus dem Scholion zur Stelle (Pfeiffer 1949 I 219 ad V. 6 in app.) sicher zu ergänzen ist und dort mit ἡρπασμένη umschrieben wird. Das erklärungsbedürftige Partizip könnte auf den nächtlichen Zeitpunkt hindeuten, überdies erinnert die geheime Aktion an eine Liebesentführung. Aufgrund dieses erotischen Aspektes bietet sich der Phaethon Hesiods als nächste Parallele an.[201] Hier wird der vertikale Entführungsweg durch das hesiodeische Hapax ἀνερειψαμένη ausgedrückt. Aphrodite ist ebenfalls ein Verbindungsglied: Aus der verliebten Entführerin der *Theogonie* wird Arsinoes göttlich-kultisches Alter ego. Während aber Phaethon als Hüter zum Tempel der Aphrodite (νηοπόλος) lanciert wird, erscheint Arsinoe Aphrodite als Herrin ihres eigenen Heiligtums.

Überdies könnte von Bedeutung sein, dass die astronomische Spekulation hellenistischer Zeit Phaethon mit dem Hesperos-Phosphoros (Stern der Venus) gleichgesetzt[202] und *mutatis mutandis* Hesiod, der jedoch in den Scholien namentlich nicht erwähnt wird, zum Urheber einer keimhaften Katasterismos-Mär gemacht hat. Dieses Verstirnungs-Aition mag Kallimachos nicht entgangen sein,

---

[200] Diese Optionen hängen davon ab, ob die Weihstätte ein sonst nicht bezeugtes Pantheon in Alexandria oder das Heiligtum auf Kanopos selbst ist. Vgl. Harder 2012 II, S. 805 f. ad 110. 8 und S. 821 f. ad 110. 51–58.
[201] Zur Entführung Arsinoes vgl. Theokr. *id*. 17. 48: Aphrodite erhebt Berenike zu sich (ἁρπάξασα) und weist ihr in ihrem Tempel göttliche Ehren zu.
[202] Vgl. die Scholien zu Hyginus *astr*. 2. 42 (p. 44 Chatelain–Legendre), der sich des Öfteren auf eine Vorlage der *Katasterismoi* des Eratosthenes beruft, und zu der Aratos-Übersetzung des Germanicus (185 f., 229 Breysig). Eos als Mutter und Aphrodite als Nebenbuhlerin würden vorzüglich zum Venus-Stern passen.

was Hesiods Phaethon-Geschichte in seinen Augen zu einem noch einschlägigeren Hypotext machte: Sowohl in der *Ektheosis* als auch in ihrem kallimacheischen Bezugstext ‚Locke der Berenike' geht es um Himmelskörper (Mond–Wagen bzw. Plokamos–Gestirn).

Vor diesem Hintergrund scheint Apollonios in der Butes-Episode vermittels einer sog. *window reference*[203] sowohl seinen unmittelbaren Vorgänger als auch dessen archaisches Vorbild, Hesiod, berücksichtigt zu haben. Dieses Verfahren macht hinter dem mythischen Stoff die Textur der zeitgenössischen Wirklichkeit sichtbar. Apollonios deutet auf diese Weise an, dass der Mythos Spuren in der Zeit hinterlässt, die erst die Gegenwart mit Inhalt füllt. Diese Dynamik ist der Bibeltypologie sehr ähnlich: Wie die alttestamentlichen Ereignisse die späteren heilsgeschichtlichen Folgen vorspiegeln (*praefiguratio*), so entpuppt sich die Argonautenfahrt als Vorgeschichte der Ptolemäerzeit. Die nächste Episode macht dies noch nachdrücklicher, da hier nicht nur einzelne Personen, sondern auch die Schauplätze mit Libyen, dem Machtzentrum der Ptolemäer, verbunden sind.

Gegen das Ende des vierten Buches kommen die Argonauten zur Insel Anaphe (V. 1694–1718), wo sie sich plötzlich von Finsternis umgeben finden. Iason ruft verzweifelt Apoll um Hilfe an, der ihnen in der Tat erscheint, in seiner rechten Hand den Bogen, dem blendendes Licht entströmt (V. 1710: μαρμαρέην […] αἴγλην). Im Glanz erscheint unter den Sporaden ein kleines Eiland, an dessen Ufer die Schiffer vor Anker gehen. Aus Dankbarkeit wird dem Gott der Beiname Aigletes beigelegt, ein Altar errichtet, dessen eingedenk, dass er ihnen mit seinem Licht (αἴγλη) einen sicheren Anlegeplatz geboten hatte (Ἀνάφη ~ V. 1711: ἀνὰ […] ἐφαάνθη; V. 1718: Φοῖβος […] ἀνέφηνεν). Die nächtliche Beschäftigung können die phäakischen Dienerinnen Medeias nicht mit ansehen, ohne sich darüber lustig zu machen, woraufhin sich zwischen den Männern und Frauen ein scherzhaftes Geplänkel (V. 1727: κερτομίη καὶ νεῖκος ἐπεσβόλον) entspinnt. Daraus wird später ein ritueller Bestandteil der anaphischen Riten (V. 1719–1730: eine Art *opprobria rustica* oder engl. *banter*). Die Episode bietet drei verschiedene Erklärungen (*aition* ~ „Ursache"), die den Stand der Gegenwart aus der Vergangenheit ableiten: Die eine ist die Etymologie des Namens der Insel, die andere die Errichtung des Altars, die dritte das Charakteristikum des Kultes.

In der auf die skurrile Neckerei folgenden Nacht sieht der Argonaut Euphemos einen sonderbaren Traum, über den er am anbrechenden Tag Iason berichtet, der um eine Deutung nicht verlegen ist:

> Ἀλλ' ὅτε δὴ καὶ κεῖθεν ὑπεύδια πείσματ' ἔλυσαν,
> μνήσατ' ἔπειτ' Εὔφημος ὀνείρατος ἐννυχίοιο,
> ἁζόμενος Μαίης υἷα κλυτόν. εἴσατο γάρ οἱ
> δαιμονίη βῶλαξ ἐπιμάστιος ᾧ ἐν ἀγοστῷ

---

[203] Der Begriff legt es nahe, dass die eine Allusion den Blick auf die andere freigibt. Vgl. Thomas 1998, S. 103–108, Balot 1998 und kürzlich Bitto 2020, S. 310–312.

ἄρδεσθαι λευκῇσιν ὑπαὶ λιβάδεσσι γάλακτος,
ἐκ δὲ γυνὴ βώλοιο πέλειν ὀλίγης περ ἐούσης
παρθενικῇ ἰκέλη· μίχθη δέ οἱ ἐν φιλότητι
ἄσχετον ἱμερθείς· ὀλοφύρατο δ᾽ ἠΰτε κούρην
ζευξάμενος, τὴν αὐτὸς ἑῷ ἀτίταλλε γάλακτι·
ἡ δέ ἑ μειλιχίοισι παρηγορέεσκεν ἔπεσσιν·
"Τρίτωνος γένος εἰμί, τεῶν τροφὸς ὦ φίλε παίδων,
οὐ κούρη, Τρίτων γὰρ ἐμοὶ Λιβύη τε τοκῆες.
ἀλλά με Νηρῆος παρακάτθεο παρθενικῇσιν
ἂμ πέλαγος ναίειν Ἀνάφης σχεδόν· εἰμὶ δ᾽ ἐς αὐγάς
ἠελίου μετόπισθε τεοῖς νεπόδεσσιν ἑτοίμη."
Τῶν ἄρ᾽ ἐπὶ μνῆστιν κραδίη βάλεν, ἔκ τ᾽ ὀνόμηνεν
Αἰσονίδῃ· ὁ δ᾽ ἔπειτα, θεοπροπίας Ἑκάτοιο
θυμῷ πεμπάζων, ἀνενείκατο φώνησέν τε·
"Ὦ πέπον, ἦ μέγα δή σε καὶ ἀγλαὸν ἔμμορε κῦδος.
βώλακα γὰρ τεύξουσι θεοὶ πόντονδε βαλόντι
νῆσον, ἵν᾽ ὁπλότεροι παίδων σέθεν ἐννάσσονται
παῖδες, ἐπεὶ Τρίτων ξεινήιον ἐγγυάλιξεν
τήνδε τοι ἠπείροιο Λιβυστίδος· οὔ νύ τις ἄλλος
ἀθανάτων ἢ κεῖνος, ὅ μιν πόρεν ἀντιβολήσας."
Ὣς ἔφατ· οὐδ᾽ ἁλίωσεν ὑπόκρισιν Αἰσονίδαο
Εὔφημος, βῶλον δὲ θεοπροπίῃσιν ἰανθείς
ἧκεν ὑποβρυχίην. τῆς δ᾽ ἔκτοθι νῆσος ἀέρθη
Καλλίστη, παίδων ἱερὴ τροφὸς Εὐφήμοιο·
οἳ πρὶν μέν ποτε δὴ Σιντηίδα Λῆμνον ἔναιον,
Λήμνου τ᾽ ἐξελαθέντες ὑπ᾽ ἀνδράσι Τυρσηνοῖσιν
Σπάρτην εἰσαφίκανον ἐφέστιοι· ἐκ δὲ λιπόντας
Σπάρτην Αὐτεσίωνος ἐὺς πάις ἤγαγε Θήρας
Καλλίστην ἐπὶ νῆσον, ἀμείψατο δ᾽ οὔνομα Θήρα
ἐκ σέθεν. ἀλλὰ τὰ μὲν μετόπιν γένετ᾽ Εὐφήμοιο·
κεῖθεν δ᾽ ἀπτερέως διὰ μυρίον οἶδμα ταμόντες
Αἰγίνης ἀκτῇσιν ἐπέσχεθον. αἶψα δὲ τοίγε
ὑδρείης πέρι δῆριν ἀμεμφέα δηρίσαντο,
ὅς κεν ἀφυσσάμενος φθαίη μετὰ νῆάδ᾽ ἱκέσθαι·
ἄμφω γὰρ χρειώ τε καὶ ἄσπετος οὖρος ἔπειγεν.
ἔνθ᾽ ἔτι νῦν, πλήθοντας ἐπωμαδὸν ἀμφιφορῆας
ἀνθέμενοι, κούφοισιν ἄφαρ κατ᾽ ἀγῶνα πόδεσσιν
κοῦροι Μυρμιδόνων νίκης πέρι δηριόωνται.

(Ap. Rhod. 4. 1731–1772)

Als sie auch hier [bei Anaphe] die Taue kappten und bei glänzendem Himmel die Segel setzten, fiel Euphemos sein nächtlicher Traum ein, dem berühmten Sohn Maias zu Ehren.[204] Denn ihm hat geträumt, dass er den göttlichen Erdklumpen am

---

[204] Hermes, Maias Sohn, ist auch ein Bringer von Träumen (vgl. Hom. *h. Herm.* 14: ἡγήτορ᾽ ὀνείρων).

Busen erwärmte und mit weißen Milchströmen begoss. Dieser aber, so klein er auch war, wurde zu einer Jungfrau, und er vereinte sich mit ihr, von unwiderstehlichem Verlangen gedrungen. Später wurde er reuig, dass er sein eigenes Geschöpf, das er mit seiner eigenen Milch ernährt hatte, unterjochte, doch das Mädchen sprach ihn mit sanften Worten an:

,Ich bin vom Geschlechte Tritons, die Amme, mein Lieber, deiner eigenen Kinder, nicht deine Tochter, denn Triton und Libye sind meine Eltern. Weih mich bitte den Nereiden, um mit ihnen im Meer zu wohnen in der Nähe Anaphes. Später werde ich noch ins Licht emportauchen deinen Kindeskindern zuliebe.'

In seinem Herzen kamen diese Erinnerungen auf, und er hat sie Iason, Aisons Sohn, anvertraut. Der aber überlegte sich die Prophezeiungen Apolls, besann sich und sagte:

,O Teuerster, ein großer und herrlicher Ruhm ist dir zuteilgeworden! Denn wirfst du den Klumpen ins Meer, werden ihn die Götter in ein Eiland verwandeln, wo die jüngere Generation deiner Enkelkinder Fuß fassen wird, da Triton dieses Stück libyscher Erde als Gastgeschenk in deine Hand gelegt hat. Denn es war kein anderer Unsterblicher, der dir begegnet ist und dich beschenkt hat, als er selbst.'

So sprach er. Euphemos aber hat seine Worte nicht in den Wind geschlagen und den Erdklumpen in Freuden über die Prophezeiung ins Meer versenkt. Daraus entspross die Insel Kalliste, die Ernährerin der Kinder des Euphemos. Diese wohnten früher auf der Sintier-Insel Lemnos, später, von tyrrhenischen Männern vertrieben, gingen sie nach Sparta und wurden dort ansässig. Sparta verließen sie dann unter Theras' Führung, des starken Sohns des Autesion, und kamen auf Kalliste, die nach dir, Theras, ihren Namen zu Thera gewechselt hat. Dies ist indes nach Euphemos' Zeiten geschehen. Von hier [Anaphe] stachen sie in Windeseile in See und legten sich an Aiginas Ufer vor Anker. Dort haben sie sich einen harmlosen Wettbewerb im Wassertragen veranstaltet: Wer zuerst das Schiff mit vollem Krug erreiche. Denn die Not und der stetig wehende Wind haben ihnen Beine gemacht. Auf der Insel aber wetteifern auch heute noch die Myrmidonenjünglinge, bis zum Rand gefüllte Amphoren auf der Schulter, in einem Kampf der schnellen Füße.

Euphemos' Traum erscheint von sämtlichen erotischen Motiven durchflochten. Dies mag zweierlei Gründe haben. Einer davon, der etwas allgemeinerer Natur ist, hängt damit zusammen, dass in der zweiten Hälfte des Epos (ab dem dritten Gesang) die Liebesthematik dominiert (hymnische Invokation an Erato, die Muse der Liebesdichtung, am Anfang des dritten Buchs [1–5]; Medeia tritt auf).[205] Der andere Grund, viel konkreter und unmittelbarer, ist der von erotischem Einschlag nicht freie Schmäh zwischen Mann und Frau auf der Insel Anaphe, was auf den Traum des Helden abzufärben scheint – ein Kabinettstück von bemerkenswertem psychologischem Realismus. Innerhalb einer verbalen Klammer (V. 1732: μνή-σατ' ~ V. 1746: μνῆστιν) wird die Verwandlung eines Erdklumpens in eine liebreizende Jungfrau erzählt, die das Begehren des Mannes erregt. Im Text erscheint

---

[205] So kann es kein Zufall sein, dass am Ende des vierten Gesangs das Motiv des ἔρως in Gestalt des erotischen Traums wiederkehrt – die Liebesgeschichte Iasons und Medeias erscheint also von diesen beiden programmatischen Passagen umrahmt.

der Begriff ‚Milch' zweimal: Der Klumpen badet in Milch, dann ist es der Held selbst, der das Mädchen mit Milch ernährt. In der 4. pythischen Ode Pindars begegnet die Metapher ‚weiße Brust' (V. 8: ἀργινόεντι μαστῷ) für Kyrene. Apollonios dürfte darauf angespielt haben, da letztlich das τέλος der Geschichte des Euphemos Kyrenes Gründung ist. Die Scholien zum Pindar-Vers (Σ ad P. 4. 14, II, S. 98 Drachmann) erinnern, indem sie den Ausdruck auch mit homerischem οὖθαρ ἀρούρης (,Brust der Scholle') verknüpfen, an das Verhältnis der Farbe ‚weiß' (ἀργινόεντι) zur Milch (γάλα), die für die Fruchtbarkeit steht: So würde bei Pindar bereits das Weiße die außerordentliche Urbarkeit des Landes konnotieren. Die Scholien schreiben diesen Gedanken Aristarchos zu. Indessen dürfte er eigentlich älteres Gedankengut verwendet haben, was bedeuten würde, dass Apollonios dieses Interpretament benutzt haben könnte, um das eigentümliche Concetto ‚Milch' in seine Traumdarstellung einzuführen.

Diese punktuelle Berührung ist ein Wink, der uns einlädt, nach weiteren pindarischen Allusionen in der Episode zu fahnden: Es wird sich herausstellen, dass Pindar eine durchgängige Bezugsgröße hinter der Euphemos-Geschichte ist. Euphemos ist nämlich eine Leitfigur von *Pythie* 4, dem längsten, beinahe epischen Geist atmenden Siegeslied Pindars. Die Ode dient der Verherrlichung der vornehmen Abstammung des Liedadressaten Arkesilaos IV., des Königs von Kyrene. Seine Vorfahren sind die Nachkommen von Euphemos, die der Liebesbeziehung der Argonauten mit den Lemnierinnen entstammen. Mit der Zeit sind sie nach Sparta, später nach Thera gezogen, schließlich unter der Führung des Battos gegen Süden gesegelt, um an der afrikanischen Küste die libysche Metropole, Kyrene, zu gründen. Diese Vorgeschichte erfahren wir im ersten Teil des Gedichts durch Medeias retrospektiven Bericht (V. 13–56). Die historische Gegenwart, die Zeit des Königs Arkesilas, erscheint nun als die Zukunft der Prophezeiung, die Medeia in der Vergangenheit den Argonauten auf Thera gegeben hat. Der Prophetie als einem Topos der enkomiastischen Gattung sind wir schon begegnet.[206] Medeia hat Libyens Gründung vorhergesagt, und diese Wahrsagung klingt mit der der Prophetin Pythia zusammen, die Battos zum Gründer Kyrenes bestellte. Sein Nachfahr in der achten Generation ist Arkesilas IV., der Herrscher, dem das Siegeslied *hic et nunc* gilt (*P*. 4. 59–65). Diese auf die Person des Liedadressaten hinauslaufende Geschichte ist der Ausgangspunkt (V. 67–69) für die nächste Erzählebene, die als Hintergrundsgeschichte den Argonautenmythos recht ausführlich schildert (V. 67–254). Auf diesen wollen wir uns nicht einlassen und bemerken nur, dass Pindar die lemnische Episode hinter die auf Thera verlagert (V. 251–257), um dadurch zu veranschaulichen, dass Medeias Prophezeiung schon im Begriff ist, sich zu bewahrheiten. Sein alexandrinischer Nachfolger belässt dagegen Lemnos als eine der Episoden auf dem Hinweg. Die dadurch entstandene Lücke hinter der Euphemos-Geschichte wird dann durch den aiginetischen Hydrophorie-Wettbewerb gefüllt.

---

[206] Vgl. meine Bemerkungen zum kallimacheischen Delos-Hymnos (2.3).

Vergleichen wir nun die beiden Versionen der Euphemos-Episode, wie sie von Pindar bzw. Apollonios dargeboten werden! Beim thebanischen Lyriker erscheint dem Euphemos der Gott Triton, verkleidet als Eurypylos, Sohn des Poseidon und Herrscher der Gegend, am Ufer Libyens und überreicht ihm ein Stück Erde nebst der Auflage, dasselbe mit nach Hause zur Schlucht des Tainaron zu tragen und in diese hineinzuwerfen. Wenn das gelänge, würden die unmittelbaren Abkommen des Euphemos die Stadt Kyrene kolonisieren. Aufgrund der Fahrlässigkeit der Diener, denen das Kleinod auf dem Schiff anvertraut worden ist, wird der Klumpen ins Meer gespült. Infolgedessen kommt es erst im siebzehnten Geschlechte des Euphemos zur verheißenen Kolonisation, und auch dann nicht direkt von Sparta, sondern von Thera aus (V. 20–55). Apollonios zerlegt diese Narratio in zwei Teile. Die Übergabe des Erdklumpens ist das Thema einer vorigen Episode (4. 1551–1619). Die oben ausgeführte Passage stellt sich aber als eine Weiterentwicklung und Interpretation dieser folgenschweren Geschehnisse dar. Das auffälligste Novum der apollonischen Version ist jedoch der erotische Traum des Helden, für den bei Pindar kein Vorbild zu finden ist. Es sein denn, die Erotik der Erdklumpenverwandlung könnte als gezielter Hinweis darauf aufgefasst werden, dass bei Pindar das Ganze aus Medeias ‚weiblicher' Perspektive erzählt wird: Aus dem Weiblichen bei Pindar würde dann das Erotische bei Apollonios.

Den Traum legt Iason für Euphemos aus. Somit entspricht seine Funktion der Medeias bei Pindar. Die Richtung der Traumdeutung ist allerdings genau die entgegensetzte. Medeia kann nur im nachhinein erklären, was mit dem Erdstück hätte geschehen sollen, denn kurz vorher hat menschliche Unachtsamkeit verhindert, dass die Prophetie restlos in Erfüllung ging. Gegenüber dieser Kontrafaktualität sind Iasons Worte real und werden – wie der Fortgang der Erzählung zeigt – unverzüglich zur Realität. Apollonios scheint hier also die Akzente der pindarischen Erzählung schlechtweg umzukehren: Was bei dem Lyriker Verfehlung und Unfall, ist bei Apollonios Absicht und – dank dem richtigen Handeln – auch Wirklichkeit. In *Pythie* 4 fällt der Klumpen versehentlich ins Meer, bei Apollonios wird er absichtlich hineingeworfen. Hier entsteht eine Insel daraus, Kalliste (,Die Schönste'), später Thera genannt. Das den Untiefen des Meers entsteigende Land ist aber ein Motiv, das nicht ganz Apollonios gehört, sondern sein Vorbild in Pindars *Olympie* 7 hat, wo Rhodos auf dieselbe Weise entsteht (V. 62 f.). Demgemäß wird ein scheinbar anti-pindarischer Zug im Kontext der vierten pythischen Ode zur Pindar-Imitation, wenn man auch andere seiner Siegeslieder berücksichtigt.

Im Folgenden ist die *histoire* (,Stoff') wieder pindarisch, die Art der Narratio bewegt sich aber auf anderen Pfaden. Die Stationen Lemnos und Thera, die zur Gründung der afrikanischen Stadt führen, kommen in einer geradlinigen Erzählung vor, in der alles auf Kyrene angelegt ist. Der lineare Erzählstil erscheint hier als eine direkte Folge der erfolgreichen und sachgemäßen Verwendung des Erdklumpens. Apollonios will damit den zielgerichteten Hergang der Geschichte (Teleologie), der durch die richtige Interpretation des Traums und das schnelle Handeln ermöglicht wurde, suggerieren. Im Gegensatz dazu erweist sich die pindarische Erzählung mit ihrer verschachtelten Struktur als narratologische Widerspiegelung der fehlgeschlagenen Mission des Transports des Erdklumpens.

Der Namenswechsel der Insel Kalliste ist ein weiterer Fall geistreicher Pindar-Reminiszenzen. Das Spiel bezieht sich auf den Namen des Gründerheros Theras (V. 1762). Der Vokativ von ‚Theras' (V. 1763: Θήρα) fällt mit dem Namen der Insel zusammen. Apollonios geht auf diese Doppeldeutigkeit aus. Derartige Apostrophen gehören nämlich zur Stilsignatur der Chorlyrik, vor allem der pindarischen Epinikiendichtung, die aufgrund der mündlichen Aufführung die Anwesenden unmittelbar anspricht. Gegen Ende der vierten pythischen Ode wendet sich der Dichter *ex abrupto* an Arkesilas (V. 250), dessen Stammbaum ein thematischer Schwerpunkt der Mythoserzählung ist. Einmal apostrophiert er auch den Gründungsvater Battos (V. 59 f.: ὦ μάκαρ υἱὲ Πολυμνάστου, σὲ δ' ἐν τούτῳ λόγῳ / χρησμὸς ὤρθωσεν: „Dich, o Sohn des Polymnestos, hat mit diesen Worten die Prophezeiung bedacht"). Battos ist aus der Sicht der Auffführung der Ode längst tot, Pindar aber hält – um die Kontinuität der Zeitdimensionen anzudeuten – die Fiktion aufrecht, Battos sei beim Siegesfest anwesend und höre sich mithilfe seiner unterirdischen Sinne (χθονίᾳ φρενί: *P*. 5. 101 in Bezug auf die Battiaden) an, was der Chor an seinem Grabe singt.

Durch die Wendung ἐκ σέθεν (V. 1764) redet Apollonios ebenfalls eine Person an, deren Anwesenheit eine Fiktion ist und aus der zeitlichen Perspektive des Textes heraus der Zukunft angehört.[207] Damit schließt er sich spektakulär der Tradition der Chorlyrik an, insbesondere der Pindars und seiner vierten pythischen Ode, wo Battos aus der Sicht von Medeas Wahrsagung eine künftige, noch nicht geborene Person darstellt. Wie Pindar sein lyrisches Erzählen mit epischen Elementen durchsetzt, so bereichert sein alexandrinischer Nachfolger sein Epos mit lyrischen Einschlägen.

Über diese eindringlichen Pindar-Allusionen (Anaphe, Euphemos, Aigina) hinaus ist eine weitere Anspielung zu erwähnen, die den Schluss des Epos mit der Koryphäe der alexandrinischen Literatur, Kallimachos, verbindet. Die anapheischen Ereignisse wurden vom vermeintlichen Rivalen im ersten Buch der *Aitien* aufgearbeitet (*Ait. fr.* 7c–21d Harder), die aiginetische Hydrophorie hingegen ist das Thema des achten Iambos (*fr.* 198 Pfeiffer). Wohl als Hommage an seinen Vorgänger setzt also Apollonios zwei Kallimachos-Bezüge ans Ende seines Werks.[208] Diese Allusionstechnik erinnert an die Doppelperspektive der Butes-Episode: Dort wird ein Anklang an Hesiod, hier die Pindar-Imitation mit kallimacheischen Motiven verquickt.[209] Die Verknüpfung Pindars mit Kallimachos gera-

---

[207] Vgl. Kall. *h*. 4. 188: ἐσσόμενε Πτολεμαῖε (die Apostrophe an Philadelphos in der Prophetie des embryonalen Apoll).
[208] Vgl. Cameron 1995, S. 251–253.
[209] Vgl. Köhnken 2005, S. 70–75, der in der Nennung der ursprünglichen Bezeichnung Theras als <u>Kall</u>iste eine Anspielung auf den Namen ‚<u>Kall</u>imachos' sieht.

de in einer Episode mit starkem topographischem Interesse beruht auf einer biographischen Fiktion, die für Apollonios einen gewissen literaturhistorischen Stellenwert besessen haben könnte. Kyrene, Geburtsstadt des Kallimachos, galt angesichts eines umstrittenen Passus in der fünften pythischen Ode (V. 72–81) auch als Stammsitz der Aigeiden, deren böotischem Zweig auch Pindars Vorfahren angehört haben mochten.[210] Die Aigeiden waren ursprünglich in Sparta einheimisch, und den Angaben der Pindar-Ode zufolge sind sie über denselben Zwischenhalt ‚Thera' nach Kyrene gekommen, wie ihrer Zeit die Battiaden.

Bei einer derart starken Durchdringung verschiedener Einflüsse ist es nicht erstaunlich, wenn die scheinbar unpindarische Episode auf Aigina pindarischer Anklänge nicht ganz entbehrt. Der thebanische Lyriker hatte enge Kontakte zu Aigina, deren Söhne ihm sehr am Herzen lagen, sodass er ihre Siege öfter besang: 11 von 44 Siegesliedern haben Aigineter zum Adressaten. Bei Apollonios geht es gerade um einen Sportwettbewerb unkonventionellen Charakters. Mithin könnte man darin einen metapoetischen Hinweis erblicken, mit dem Apollonios sich vor dem Gesamtwerk Pindars verbeugt, dessen Einzelstück, *Pythie* 4, samt der darin erzählten Euphemos-Geschichte, die Inspirationsquelle der gesamten *Argonautika* darstellte. Somit entpuppt sich Aigina nicht nur als ein mythisch-geographischer, sondern auch als ein literarischer Standort: Sie ist die Insel Pindars und der Epinikiendichtung.

Zum Schluss soll noch das Motiv des Gedächtnisses zur Sprache kommen, mit dem Apollonios die Traum-Erzählung umrahmt: μνήσατ' (V. 1732) ~ μνῆστιν (V. 1746). Bei Pindar richtet sich das Gedächtnis, das die Expedition der Argonauten, die Episode mit Euphemos und dem Erdklumpen im Mittelpunkt bis hin zur Gründung Kyrenes heraufbeschwört, auf mythische Inhalte als identitätsstiftende Konstituenten. Der Mythos ist in diesem Fall eine kulturelle Größe und als ‚Ding an sich' unabhängig von der sprachlich-literarischen Wirklichkeit. Bei Apollonios hingegen erscheint das Gedächtnis auf die literarische Repräsentation des Mythos, hier vor allem auf Pindars *Pythie* 4, abgestellt. Der hellenistische Dichter gedenkt nicht primär des Mythos des Euphemos, sondern sekundär der pindarischen Aufarbeitung desselben. Mithin ist bei ihm das kulturelle Gedächtnis literarisch geprägt. Dies steht im Einklang mit dem, was wir anfangs über die alexandrinische Kultur festgestellt haben: Sie ist zuinnerst verwachsen mit dem Betrieb des Museions, dessen Träger die dichterisch begabten Philologen oder philologisch

---

[210] Diese Aussage ist kein historisches Faktum, sondern nur ein Interpretament des vertrackten Passus unter der Voraussetzung, dass die erste Person Singular nicht mit dem Chor, sondern mit Pindars biographischem Ich gleichzusetzen ist. Doch angesichts der Tatsache, dass die antiken Scholien diese Auffassung kennen (Σ ad *P.* 5. 96ab–99ab, II, S. 183 f. Drachmann), kann man getrost annehmen, dass Apollonios damit ebenfalls vertraut gewesen sein und die betreffenden pindarischen Verse als „Beweis" der Verwandtschaft von Pindar und Kallimachos über Kyrene ausgelegt haben dürfte.

gebildeten Dichter (*poetae docti*) sind, für die der Mythos keine lebendige Wirklichkeit, sondern nur mehr eine literarische Tradition darstellt. Doch gerade diese Charakteristik ermöglicht es ihnen, die schriftliche Überlieferung neu zu lesen und mit ihren eigenen Interessen und Mitteln auch fortzuschreiben.

4 Schlusswort: Eine Skizze des Nachlebens der hellenistischen Literatur

Am Ende unseres Streifzugs, der nach einer allgemeinen Vorstellung der Wesenszüge der Periode durch eine repräsentative Auswahl der Werke der Hauptvertreter die besten und eigenartigsten Blüten der alexandrinischen Literatur Revue passieren ließ, ist eine Schlussbetrachtung angezeigt. Dies wollen wir anstelle eines Rückblicks durch eine Vorschau leisten, indem wir danach fragen, wie die späteren Zeiten die hellenistische Literatur rezipiert haben, welches Nachleben ihre typischen ästhetischen Maßstäbe und Werte hatten. Dieses Thema hängt eng mit der Überlieferungsgeschichte zusammen, die in der Einleitung (2.1) skizziert worden ist. Dieses Abschlusskapitel fasst jedoch die produktiv-poetische Antwort auf den Hellenismus ins Visier, jene dichterischen Werke also, die sich etwas vom Geiste der behandelten Ära zu eigen gemacht haben.

Eine nahtlose Fortsetzung fand die hellenistische Literatur im Rom des ersten Jahrhunderts v. Chr.[211] Catulls Gedicht, dessen Analyse den Anfang dieses Buchs bildete, hat schon angedeutet, wie sehr die lateinischen Dichter ihren hellenistischen Vorgängern über die Schulter geschaut haben, vor allem was Feinarbeit, Raffinesse, kurzum: äußerste Kunstfertigkeit betraf. Damit haben sie den Weg der späteren Rezeptionsgeschichte vorgezeichnet. Im gleichen Atem haben sie auch einige Charakterzüge überakzentuiert, und dadurch das Bild des Hellenismus überzeichnet und versimpelt. Der elfenbeinerne Turm, der Topos des schlaflosen Dichters treffen – wie wir bereits gesehen haben – nicht in vollem Maße zu. Einige Autoren – wie z. B. Kallimachos – werden dadurch allzu einseitig gesehen und gleichsam intellektualisiert, wiewohl viele Zeichen darauf hindeuten, dass sie zu ihren Lebzeiten eine größere Breitenwirkung hatten als später angenommen.

Um dies Unverhältnis in Balance zu bringen, beginne ich die Behandlung der Rezeption bei den Römern mit einem Autor, der des Öfteren zu einem Anti-Kallimacheer gestempelt wurde, weil er die Großepik, eine untypische, deshalb in ihrer Gänze verschollene Sparte der hellenistischen Literatur kultiviert hatte, eine Gattung, der Kallimachos eher abhold gegenüberstand.[212]

Am Ende der altlateinischen Periode steht Ennius, der 169 v. Chr., ein Jahr vor der Schlacht bei Pydna, verstorben ist. Seine *Annales* („Jahresberichte"), das Werk, in dem die Geschichte der punischen Kriege in dichterischer Form aufgearbeitet wurde, sind bis auf spärliche Überreste nicht auf uns gekommen. Die Wirkung der

---

[211] Vgl. Wimmel 1960.
[212] Ziegler 1966. Zur Korrektur dieser Ansicht vgl. Kerkhecker 2001.

griechischen Vorbilder auf ihn ist kaum zu bezweifeln, da er dem hellenophilen literarischen Kreis des Scipio Aemilianus, des von den Scipionen adoptierten Sohnes von Aemilius Paullus Macedonicus, dem Sieger bei Pydna, angehört haben soll. In einem berühmten Fragment der *Annales* sind Kallimachos-Anspielungen auszumachen, die zur Genüge beweisen, dass die ennianische Fassung des hellenistischen Großepos gegen die Ästhetik des Kallimachos nicht ausgespielt werden darf.[213]

Wir sahen, dass die Abwesenheit Arsinoes unter ihren Landsleuten als schmerzlicher Verlust empfunden wird und dass dieser allgemeinen Betrübnis lautstarker Ausdruck verliehen wird. Die Stelle folgt unmittelbar auf die Schilderung von Arsinoes „Himmelfahrt":

] ἀτενεῖς ὀδυρμοί
] μία τοῦτο φωνά
ἁμετέρα] βασίλεια φρούδα
τ]ί παθὼν ἀπέσβη;
ἁ δ]ὲ χύδαν ἐδίδασκε λύπα   (V. 7–11)

[...] heftige Klagerufe
[...] dies eine einzige Stimme
[...] unsere Königin ist entschwunden
[...] wovon ist (dieser Stern) erloschen?
[...] Die unermessliche Betrübnis hat aber gelehrt

Mit der Schilderung dieser Gefühle scheint Kallimachos in einer weit hinaufreichenden Tradition zu stehen und selbst Tradition zu schaffen. Die Quelle des Topos ‚Trauer um eine hervorragende Persönlichkeit' ist die Klage um Patroklos bei Homer:[214]

Ὣς ἔφαθ', οἳ δ' ᾤμωξαν ἀολλέες, ἦρχε δ' Ἀχιλλεύς.
οἳ δὲ τρὶς περὶ νεκρὸν ἐΰτριχας ἤλασαν ἵππους
μυρόμενοι· μετὰ δέ σφι Θέτις γόου ἵμερον ὦρσε.
δεύοντο ψάμαθοι, δεύοντο δὲ τεύχεα φωτῶν
δάκρυσι· τοῖον γὰρ <u>πόθεον</u> μήστωρα φόβοιο.   (*Il.* 23. 12–16)

So sagte er [Achilleus], und diese [die Myrmidonen] wehklagten zusammen, Achilleus aber stimmte die Klage an. Dann haben jene weinend dreimal um den Toten ihre Rosse mit schöner Mähne getrieben. Thetis war es, die das Verlangen nach

---

[213] Diese Auffassung steht im Gegensatz zu Ovids Wertschätzung: *Ennius ingenio maximus, arte rudis* (*trist.* 2. 424: „Ennius, der Größte, was die Begabung betrifft, hinsichtlich der Kunst jedoch ungehobelt.")

[214] Kallimachos hat auch eine andere Passage desselben Gesangs herangezogen (212–218; 229 f.: Boreas und Zephyros entfachen den Brand des Scheiterhaufens des Patroklos).

Klage in ihnen entfachte. Feucht wurde der Sand, feucht die Rüstung der Helden vor Tränen. So sehr sehnten sie sich nach dem mächtigen Kriegsherrn.

Die Sehnsucht nach dem tapferen Mann erscheint dann in gnomisch komprimierter Form bei Kallinos (*fr.* 1. 18 f.: λαῷ [...] σύμπαντι πόθος κρατερόφρονος ἀνδρὸς / θνῄσκοντος: „Alle vermissen den tapferen Mann, wenn er stirbt") und bei Tyrtaios (*fr.* 12. 27 f.: τὸν δ' ὀλοφύρονται μὲν ὁμῶς νέοι ἠδὲ γέροντες, / ἀργαλέῳ δὲ πόθῳ πᾶσα κέκηδε πόλις: „Dieser Mann dauert alle, ob jung oder alt, und die ganze Stadt trauert um ihn mit schmerzlicher Bekümmernis").[215] Von der Elegie wandert das Motiv weiter in die Chorlyrik. In der sechsten olympischen Ode Pindars ist der durch das Verb ausgedrückte Kummer das tragende Gefühl des miniaturhaften λόγος ἐπιτάφιος, einer Keimzelle der späteren rhetorischen Gattung. In Adrastos' Nachruf auf Amphiaraos heißt es: Ποθέω στρατιᾶς ὀφθαλμὸν ἐμᾶς / ἀμφότερον μάντιν τ' ἀγαθὸν καὶ δουρὶ μάρνασθαι (V. 16 f.: „Ich vermisse das Auge meines Heeres, vorzüglich als Prophet wie als Speerkämpfer").

Für die spätere Geschichte des Motivs wird der Vergleich einer Stelle bei Ennius mit Kallimachos nützlich sein. Ennius beschreibt folgendermaßen die betrübten Römer beim Tod ihres ersten Königs:

> Pectora diu tenet desiderium [~ πόθος], simul inter
> Sese sic memorant [~ μία ... φωνά], 'o Romule, Romule die,
> Qualem te patriae custodem di genuerunt!
> O pater o genitor o sanguen dis oriundum,
> Tu produxisti nos intra luminis oras.'
>
> (*fr.* 61 [105–109] Skutsch)

Die Herzen hält das Verlangen lange gefesselt, derweil sie Folgendes untereinander sagen: ‚O Romulus, du göttergleicher Romulus, was für einen Hort des Vaterlandes haben die Götter in dir erschaffen! O Vater, O Erzeuger, O götterentsprossenes Geblüt, du hast uns in den Bereich des Lichtes geführt!'

Im Angesicht der Tatsache, dass sowohl bei Kallimachos als auch bei Ennius Herrscherpersönlichkeiten (Arsinoe bzw. Romulus) nachgetrauert wird,[216] und angesichts der ähnlichen Formulierung (beide Male *oratio recta* einer stellvertretenden Gruppe), liegt es nahe, dass sich der römische Dichter unmittelbar durch die kallimacheische Stelle zur Beschreibung der seelischen Reaktion der Welt (Gesamtheit der Menschen) auf das Dahinscheiden des Herrschers hat anregen lassen. Dies ist umso wahrscheinlicher, als im Anschluss an die Trauer um den ihnen entrissenen Romulus auch die Gottesnähe des gottbegnadeten Herrschers erwähnt

---

[215] Die Assoziation des Verlangens mit der Trauer wird von Gorgias in einer für seinen Stil typischen, klangvollen Konstruktion wiedergegeben (*fr.* 11. 9 D–K: πόθος φιλοπενθής: „trauernde Sehnsucht").

[216] Es ist nicht ohne Bedeutung, dass bei Kallimachos der Topos zum ersten Mal auf eine Frau angewandt wird.

wird, ein Motiv, dessen hellenistische Provenienz an einem anderen Ort von mir ermittelt wurde.[217] Kallimachos und Ennius erweisen sich somit als Zeugen einer ununterbrochenen Traditionslinie hellenistischer Herrscherenkomiastik.[218]

Hinsichtlich der Hellenismus-Rezeption bei Vergil hebt man vor allen Dingen auf die Nachwirkung der *Argonautika* des Apollonios Rhodios (Liebesgeschichte von Medeia und Iason) in seiner *Aeneis* ab. Wir bleiben allerdings bei Kallimachos und seinen Spuren im Werk des römischen Klassikers. Vergils vielleicht berühmtestes, zugleich umstrittenstes Gedicht ist seine *Vierte Ekloge*, deren mysteriöses Kind („puer") nach einer Deutungstradition als Christus-Allegorie das heraufziehende christliche Zeitalter personifiziert. Demgegenüber gehe ich davon aus, dass das Gedicht eine romanisierte Version der Gattung ‚Herrscherenkomion' darstellt.[219] Dies wird bestätigt durch die als Prophezeiung stilisierte Ausdrucksweise, in die sich – den Gattungsmerkmalen der Herrscherenkomiastik gemäß – der Lobpreis der Macht des Königs oftmals kleidet – manchmal auch so, dass die bestehenden Machtverhältnisse als zukünftig geschildert werden (*vaticinatio ex eventu*).[220] In diesem Fall erscheint jedoch das konventionelle Thema, der *adventus* des gottbegnadeten Königs, überraschenderweise auf ein Kind bezogen – was jedoch durchaus der hellenistischen Ästhetik entspricht, die viel für die Genrebilder des Kinderlebens übrig hatte.[221] Das Kind wird inmitten einer prächtigen Naturszenerie mit üppig wachsenden Blumen geschildert:

> ipsa tibi blandos fundent cunabula flores.
> occidet et serpens et fallax herba veneni
> occidet; Assyrium vulgo nascetur amomum.   (Verg. *ecl.* 4. 23–25)

> Selbst deine Wiege wird sanfte Blumen hervortreiben, die Schlange wird sterben, und sterben wird auch das trügerische giftige Gras. Überall wird das assyrische Amomum sprießen.[222]

Es wurde übersehen, dass das Bild des Kindes auf einem Blumenbett an Iamos, den Protagonisten der sechsten olympischen Ode Pindars, erinnert. Der erste Vers des obigen Zitats (*ipsa tibi blandos fundent cunabula flores*) beschwört einen atmosphärischen Rahmen herauf (V. 55 f.), der die Veilchen ins Gedächtnis ruft, auf

---

[217] Adorjáni 2018.
[218] Das zum Topos gewordene Motiv hat seine Wirkung auf Horaz (*carm.* 1. 24. 1 f.: *Quis desiderio sit pudor aut modus tam cari capitis?* – „Warum sollte ich mich meiner Sehnsucht nach diesem Kopf schämen, und was sollte das Maß der Trauer sein?") nicht verfehlt, bei dem es allerdings in den Bereich der literarischen Freundschaft überführt wird.
[219] Vgl. Adorjáni 2021.
[220] Siehe oben (2.3 und 3.3.3).
[221] Zum Topos des Kindlichen in der hellenistischen Literatur vgl. Ambühl 2005.
[222] Ein Gesträuch mit wohlriechenden Blättern. Das Wort ἄμωμος, dessen neutrale Form die Pflanze bezeichnet, bedeutet ‚tadellos'.

denen der ausgesetzte Iamos gelegen hat und von denen über einen volksetymologischen Deutungsansatz der Name ‚Iamos' abgeleitet wird ("Ἴαμος ~ ἴα [Veilchen]). Bei Vergil liest man von einer ‚Wiege' (*cunabula*), die von Blumen durchwoben ist. Durch chiastische Anordnung (*occidet et serpens et fallax herba veneni / occidet*) werden dann zwei Begriffe (*serpens* und *herba veneni*) auseinandergehalten, die nach der antiken Auffassung eng zusammengehörten. Das giftige Gras ist die Nahrung der Giftnatter und weist einen ursächlichen Konnex mit ihrem tödlichen Biss auf (vgl. Hom. *Il.* 22. 93 f.: δράκων [...] / βεβρωκὼς κακὰ φάρμακ' – „Schlange [...], die böse Gifte gefressen hat"; Verg. *Aen.* 2. 471: *coluber mala gramina pastus* – „Natter, die böse Kräuter geweidet hat"). Auch das Schlangengift hat eine Entsprechung in Pindars Iamos-Gedicht, wenn wir die andere Szene seiner Geburtsgeschichte, wo das Kind von zwei Schlangen mit Honig ernährt wird, heranziehen. Dies führt zum zweiten Aition des Namens ‚Iamos' vermittels des metaphorischen Ausdrucks für den Honig als ‚ein harmloses Gift der Bienen' (*O.* 6. 46 f.: ἀμεμφεῖ / ἰῷ μελισσᾶν). Während hier das Gift nur als metaphorischetymologisches Schlüsselwort vorkommt, wird bei Vergil das Vorhandensein des realen Giftes und der realen Schlange negiert (*occidet*).

Die Gestalt des Iamos kann an einer weiteren Passage leicht mit der des Herrschers in Verbindung gebracht werden. Als der Held erwachsen ist, watet er nachts in den Fluss Alpheios hinein, wo er zu seinem Großvater Poseidon und Vater Apoll betet und sie um eine ‚volksernährende' Würde bittet (V. 60: αἰτέων λαοτρόφον τιμάν τιν' ἑᾷ κεφαλᾷ). Man kann annehmen, dass diese Stelle von Vergil mit einem Blick für diese politische Lesart rezipiert worden ist. Dazu dürfte er sich an Kallimachos angelehnt haben, der seinerseits in den pindarischen Oden ein wichtiges Vorbild für seine höfische Dichtung gefunden hatte. Die Analyse des Apollon-Hymnos des Kallimachos hat ergeben, dass die *panacea* als eine honigambrosia-ähnliche Substanz einem Herrschersymbol gleichkommt, was in der Ekloge durch das duftige Amomum vertreten wird. Mithin war Vergil auch daran gelegen, durch diese Doppelallusion, auch *window reference* genannt (über Kallimachos auf Pindar), gleichsam die Archäologie der enkomiastischen Gattung abzubilden.

Eine ähnliche Allusionsstruktur begegnet in einer berühmten eulogischen Passage der *Georgica*, des landwirtschaftlichen Lehrgedichts Vergils. Das dritte Buch hebt mit einem spektakulären Prooimion an, dessen zentrales Bild das siegreiche Wagenrennen des Dichters ist. Dieses metapoetische Gebilde führt zum *elogium* Oktavians hinüber:

> in medio mihi Caesar erit templumque tenebit:
> illi victor ego et Tyrio conspectus in ostro
> centum quadriiugos agitabo ad flumina currus.
> cuncta mihi Alpheum linquens lucosque Molorchi
> cursibus et crudo decernet Graecia caestu.
> ipse caput tonsae foliis ornatus olivae

dona feram. iam nunc sollemnis ducere pompas
ad delubra iuvat caesosque videre iuvencos [...] (Verg. *georg.* 3. 16–23)

Caesar (Oktavian) wird mittendrin stehen und ein Heiligtum besitzen: Ihm zu Ehren werde ich[223] als Sieger, angetan mit einem tyrischen Purpurgewand, hundert vierspännige Wagen zum Fluss lenken. Ganz Griechenland wird sich dort, nachdem es den Alpheios und den Hain des Molorchos verlassen hat, im Wettlauf und harten Faustkampf messen. Ich selbst werde mir den Kopf mit frischgeschnittenem Ölbaumgrün bekränzen und Geschenke bringen. Es freut mich im voraus, den festlichen Aufzug zum Heiligtum zu geleiten und die geschlachteten Rinder zu sehen.

Eine kaum übersehbare Schicht der Anspielungen rufen auch hier die Erinnerungen an Pindars *Olympie* 6 wach, wo der Übergang zwischen Siegesanlass und Mythoserzählung über eine metapoetische Wagenfahrt hergestellt wird: Der Dichter gibt vor, das Maultiergespann des siegreichen Liedadressaten für sich auszuleihen und damit ins Reich des Mythos zu fahren:

ὦ Φίντις, ἀλλὰ ζεῦξον ἤδη μοι σθένος ἡμιόνων,
ᾇ τάχος, ὄφρα κελεύθῳ τ' ἐν καθαρᾷ
βάσομεν ὄκχον, ἵκωμαί τε πρὸς ἀνδρῶν
καὶ γένος· κεῖναι γὰρ ἐξ ἀλλᾶν ὁδὸν ἁγεμονεῦσαι
ταύταν ἐπίστανται, στεφάνους ἐν Ὀλυμπίᾳ
ἐπεὶ δέξαντο·

(Pind. *O.* 6. 22–27)

Wohlan, schirre mir nun, o Phintis, schnellstmöglich die Kraft der Maultiere an, damit wir den Wagen auf eine reine Bahn führen und ich endlich auch zum Geschlecht der Helden gelange; denn sie eignen sich wie keine anderen, diesen Weg zu weisen, da sie Kränze in Olympia davongetragen haben.

Die Besonderheit dieser komplexen Vergil-Passage besteht darin, dass die Allusion auf Pindar den Blick auf eine kallimacheische Adaptation des pindarischen Epinikions freigibt. Das erste Stück des dritten Buchs der *Aitien* des alexandrinischen Dichters, die sog. *Victoria Berenices* (*Ait. fr.* 54 Harder), ist ein Loblied auf den nemeischen Wagensieg der Königin.[224] Der zeitpolitische Bezug macht diese repräsentative Elegie zu einer mustergültigen Allusionsquelle für das Lob einer historischen Persönlichkeit. Dies wird bestätigt durch das numerische Verhältnis

---

[223] Das Futur als wichtiger Bestandteil der *recusatio* ist auch in Theokrits Idylle 16. zu belegen (V. 73: ἔσσεται οὗτος ἀνήρ). Siehe oben (3.1).
[224] Die Mythoserzählung der Elegie hat das Treffen zwischen Herakles und dem böotischen Bauern Molorchos im Zusammenhang mit der Jagd auf den nemeischen Löwen zum Gegenstand. Der Name ‚Molorchos' taucht auch in Vergils Text auf (V. 19), was einem sicheren Verbindungsstück zwischen Vergil und Kallimachos gleichkommt.

der beiden Werke: Dem dritten Buch der *Aitien* stünde das dritte der *Georgica* zur Seite.[225]

Zuletzt wird unser Augenmerk den Beziehungen gelten, die die *Ektheosis Arsinoes* von Kallimachos mit Didos Tod in der *Aeneis* verknüpfen.[226] In der Todesszene Didos im vierten Buch der *Aeneis* spielt der Scheiterhaufen eine zentrale Rolle (V. 645 f.). Wie in der *Ektheosis* ist der Schauplatz auch hier Nord-Afrika. Die sterbende Königin entspricht wesentlich der verstorbenen Arsinoe, aber auch Verbindungen mit Philotera sind vorhanden: Die bange Unterredung Didos mit Anna hinsichtlich der Vorbereitungen der Trojaner zum Aufbruch am Ufer mit anschließender Bitte an ihre Vertraute, das Lager des Aeneas aufzusuchen (V. 416–436), erinnert an den Dialog zwischen Philotera und Charis angesichts des Scheiterhaufens nebst der Aufforderung, sich auf eine Erkundungstour zu begeben (V. 47–51). Philotera kann aber auch mit Anna assoziiert werden, da sie beide im Unwissen befangen sind, Philotera bezüglich dessen, was es mit dem Brand auf sich hat, Anna, was Didos wahres Vorhaben mit dem Scheiterhaufen betrifft. Auch die Verwandtschaft spricht für diese Verbindung: Philotera ist Arsinoes Schwester, wie Anna die Didos. Zudem haben beide Szenen ihren Anfangspunkt in etwas von fernher Geschautem: In der *Aeneis* ist der Anblick des geschäftigen Treibens der Teukrer an der Küste der Beweggrund der Aufforderung, in der *Ektheosis* besteht der Auftrag an Charis im Spähen nach der Ursache des Brandes (V. 416: *Anna, vides toto properari litore circum* ~ V. 48: ἀπὸ δ' αὔγασαι). Schließlich findet die durch Charis vertretene dynastisch-symbolische ‚Liebe' bei Kallimachos ihr Pendant bei Vergil in Didos aussichtsloser Liebe zu Aeneas und der verdrängten zum ehemaligen Gatten.

Diese punktuellen Berührungen verdecken nicht den deutlichen atmosphärischen Unterschied, der die trotz aller Tragik zuversichtlich verklärte Perspektive der *Ektheosis* von der morbid-verbitterten, durch Liebeskummer und Rachsucht geprägten Stimmung des Hinscheidens Didos im vierten Buch der *Aeneis* abhebt. Es ist bezeichnend in diesem Zusammenhang, dass der vom Meer aus gesichtete Brand bei Vergil (aus Didos Perspektive) zu einem Unheil verkündenden Vorzeichen wird, das Aeneas durch seine Augen in sich aufnehmen und als dauerhafte Schicksalsbelastung mit sich tragen soll: *hauriat hunc oculis ignem crudelis ab alto / Dardanus, et nostrae secum ferat omina mortis* (V. 661 f.).

---

[225] Properz war es mit dem dritten Gedicht des dritten Buchs seiner Elegiensammlung um eine vergleichbare Wirkung zu tun. Hier wird durch die Metaphorik des Wagenrennens ebenso eine programmatische Botschaft formuliert: *quo me Fama levat terra sublimis, et a me / nata coronatis Musa triumphat equis, / et mecum in curru parvi vectantur Amores, / scriptorumque meas turba secuta rotas* (3. 1. 9–12: „[Mein Gedicht], durch das der erhabene Ruhm mich von der Erde emporhebt und meine Muse mit ihren bekränzten Pferden den Sieg davonträgt. Die kleinen Liebesgötter fahren zusammen mit mir auf dem Wagen, sowie die Schar der Dichter, die sich an meine Räder gehängt haben").

[226] Das Verdienst, diese Verbindung zuerst beschrieben zu haben, gebührt Bertazzoli 2002.

Diese Reihe leiser Anspielungen verdichtet sich in der Szene, in der Dido allseits laut beklagt wird, ganz wie Arsinoe von ihren Untertanen (V. 7–11):

> [...] it <u>clamor</u> ad alta 665
> atria: concussam bacchatur <u>Fama</u> per urbem.
> <u>lamentis gemitu</u>que et femineo ululatu
> tecta fremunt, resonat magnis <u>plangoribus</u> aether,
> non aliter quam si immissis ruat hostibus omnis
> Karthago aut antiqua Tyros, flammaeque furentes 670
> culmina perque hominum volvantur perque deorum.

Der Lärm dringt bis zu den Obergeschossen, Fama irrt durch die gesamte Stadt. Die Dächer klirren vor Wehklagen, Stöhnen und weiblichem Geheul, die Luft hallt mit der lauten Stimme der Trauernden wider, nicht anders, als wenn ganz Karthago fiele bei Ankunft der Feinde, oder das uralte Tyros, und sich die zürnenden Flammen über die Giebel (der Häuser) von Menschen und Göttern wälzten.

Es ist bemerkenswert, dass der Angriff der Feinde im vergleichenden Konditionalsatz, der die Konsternation der Landsleute veranschaulichen soll (V. 669 f.: *immissis ruat hostibus* [...] / *Karthago*), als Vermutung Philoteras im Gespräch mit Charis bezüglich der Libyen heimsuchenden Unbilden des Brandes vorkommt (V. 51: ἠρά τι μοι Λιβύα κα[κοῦται; V. 59 f.: τάν μοι πόλιν ᾷ με[[...] / κείρουσιν), was sich sodann als Täuschung, d. h. als eine nicht reale Gefahr entpuppt. Annas besorgt-sorgender Auftritt kurz danach (V. 685–687) entspricht vollends dem Philoteras in der *Ektheosis*. Didos letzter Akt gilt dem Suchen nach dem Licht mit getrübten Augen und das letzte Wort des Hexameters versichert, dass sie es gefunden hat (V. 691 f.: *oculisque errantibus alto / quaesivit caelo <u>lucem</u> ingemuitque <u>reperta</u>*). Dies drückt der düsteren Szene letzten Endes eine versöhnliche Note auf, was der Verklärung Arsinoes (dem Weg ihrer Seele zum himmlischen Gefilde) an die Seite gestellt werden kann.

Das göttliche Nachspiel, in dem unmittelbar vor dem Eintritt des Todes die Locke Didos auf Geheiß Iunos von Iris abgeschnitten wird (V. 693–705), erinnert in erster Linie an die kallimacheische *Coma Berenices* (*Ait. fr.* 110),[227] wenn man sich aber den Todesbezug vor Augen hält, den die Szene mit der *Ektheosis* gemeinsam hat, könnte es sich um eine *window reference* handeln: Unter Umständen dürfte Vergil als genialer Leser des Kallimachos sich der thematischen Verbin-

---

[227] Im Buch 6 der *Aeneis* begegnet Aeneas auf seiner Unterweltreise noch einmal einer immer noch nachtragenden Dido, vor der er sich mit den Worten entschuldigt: *invitus, regina, tuo de litore cessi* (V. 460). Dies ist ein bis auf ein Wort abgewandeltes Zitat aus Catulls *Coma*-Übersetzung: *invita, o regina, tuo de vertice cessi* (66. 39). Diese Allusion auf das eminent höfisch-ptolemäische Gedicht des Kallimachos besiegelt die politische Lesart der Dido-Episode bei Vergil.

dungen zwischen der *Ektheosis* und der *Coma*[228] bewusst gewesen sein und aus diesem Grund beide Werke mitberücksichtigt haben.

Schließlich ist auch die retrospektive Darstellung der karthagischen Ereignisse am Anfang des fünften Gesangs mit *Ektheosis*-Allusionen durchwirkt:

> [...] quae tantum accenderit <u>ignem</u>
> <u>causa latet</u>; duri magno sed amore dolores   5
> polluto, notumque furens quid femina possit,
> <u>triste per augurium</u> Teucrorum pectora ducunt.

> [...] die Ursache des großen Brandes ist unbekannt; aber der harte Schmerz infolge der befleckten großen Liebe und die Erfahrung, wozu eine wahnbetörte Frau bereit ist, führt das Gemüt der Teukrer durch eine traurige Vorahnung.

Die Ungewissheit der Teukrer hinsichtlich der Ursache des Brandes erinnert an das anfängliche Wissensdefizit von Philotera und Charis. Die bange Ahnung des tragischen Ereignisses (*triste* [...] *augurium*) ist aber eine Verquickung der Trauer der anonymen Menge (V. 7–11; vor allem V. 11: ἁ [...] χύδαν [...] λύπα) und der Besorgnis der Frauen (V. 50, 55) in Kallimachos' Gedicht.

Die Seele der Königin schwingt sich zum himmlischen Wagen hinauf und passiert dabei den Mond, der als Heimstätte der seligen Seelen, gleichsam ein ‚himmlisches Elysium', und als Grenze zwischen der sterblichen und unsterblichen Sphäre galt (V. 6). Auch Lukan dürfte die Gleichsetzung ‚Mond ~ Elysium' geläufig gewesen sein, wenn er am Anfang des neunten Buchs seiner *Pharsalia* Pompeius' unsterblichen Teil in die Mondsphäre emporschweben lässt:

> At non in Pharia manes iacuere <u>favilla</u>
> nec cinis exiguus tantam compescuit umbram;
> prosiluit busto semustaque membra relinquens
> degeneremque rogum sequitur convexa Tonantis.
> qua niger astriferis connectitur axibus aer   5
> quodque patet <u>terras inter lunaeque meatus,</u>
> semidei <u>manes</u> habitant, quos ignea virtus
> innocuos vita patientes aetheris imi
> fecit et aeternos animam collegit in orbes:
> non illuc auro positi nec ture sepulti   10
> perveniunt. Illic postquam se lumine vero
> implevit, stellasque vagas miratus et astra
> fixa polis, vidit quanta sub nocte iaceret
> nostra dies risitque sui ludibria trunci.
> hinc super Emathiae campos et signa cruenti   15
> Caesaris ac sparsas volitavit in aequore classes,

---

[228] Vgl. oben Kapitel 3.3.3.

et scelerum vindex <u>in sancto pectore Bruti</u>
<u>sedit et invicti posuit se mente Catonis.</u>

Gleichwohl blieb sein Geist nicht in der Asche von Pharos liegen, und der geringe Staub konnte einen so großen Schatten nicht in Schranken halten: Dieser sprang aus dem Grab hervor und strebte – scheidend von den halbverbrannten Gliedern sowie vom schändlichen Scheiterhaufen – zu Jupiters Firmament hinauf. Wo die dunkle Luft mit den gestirnten Achsen verbunden ist und was zwischen der Erde und der Bahn des Mondes liegt, wird von halbgöttlichen Geistern bewohnt, die ihre feurige Tapferkeit, nachdem sie sich im Leben nichts zuschulden kommen ließen, gegen die untere Schicht des Äthers gefeit hat und die Seele den ewigen Rängen zuordnet. Diejenigen, die im Goldsarg schlafen oder mit Weihrauch bestattet worden sind, können dahin nicht kommen. Nachdem sich Pompeius' Geist dort am wahren Licht gesättigt und sich an den Planeten und Fixsternen ergötzt hatte, sah er, einer wie großen Nacht unser Tag unterliegt, und belächelte den Spott seines verstümmelten Körpers. Von hier flog er über die Gefilde Thessaliens, die Feldzeichen des blutrünstigen Caesar und die auf der See verstreute Flotte und hat sich als Rachegeist in die heilige Brust von Brutus und ins Gemüt des unbesiegten Cato herniedergelassen.

Für die Annahme, dass Lukan nicht aus allgemeinem (stoisch angehauchtem) Traditionsgut, sondern aus Kallimachos geschöpft hat, spricht, dass bei ihm die unsterbliche Entelechie des Pompeius in die Seele der beiden republikanischen Staatsmänner, Brutus und Cato, zurückkehrt (V. 17 f.). Was also bei Kallimachos eine Rückkehr in abstrakter Form (Kult und Andenken) ist, wird von Lukan weitergedacht und zu einer Art Metempsychose konkretisiert. Noch ein verbindendes Moment zwischen Lukan und Kallimachos ist die Einäscherung des Leichnams auf einem Scheiterhaufen am Gestade Ägyptens (V. 1: *Pharia* [...] *favilla* ~ Kall. *fr.* 228. 39: Proteus auf Pharos; 54: Φάρου περίσαμο[ν ἀκτάν). Fernerhin ist zu beachten, dass der lateinische Epiker mit *manes* (V. 7) in der Nähe der Beschreibung der Mondsphäre (V. 6)[229] wohl ein zweisprachiges Wortspiel konstruiert, indem das lateinische Wort, das im Wortstamm mit μῆνις im Zusammenhang steht, volksetymologisch die griechische Bezeichnung des Mondes (μήνη) ins Gedächtnis rufen soll.

Langsam verlassen wir die Römer, aber bevor wir auf die moderne Zeit zusteuern, wollen wir auf einen etwas ungewöhnlichen Rezeptionsfall zu sprechen kommen. Arats Name ist schon im Vorwort als Adressat eines Huldigungsepigramms des Kallimachos aufgetaucht. Das astronomische Lehrgedicht *Phainomena* des Dichters von Soloi in Kilikien hat sich bei den Römern beachtlichen Zuspruchs erfreut. Das spannendste Dokument seines Nachlebens ist jedoch das kurze Zitat, das in der Areopagrede des Apostels Paulus eine Schlüsselrolle spielt:

---

[229] Es ist höchst interessant, dass sowohl bei Kallimachos als auch bei Lukan die Bezeichnung ‚Mond' im sechsten Vers steht. Ist das ein Zufall oder ein die Allusion unterstützender Kunstgriff?

Ἐν αὐτῷ γὰρ ζῶμεν καὶ κινούμεθα καὶ ἐσμέν, ὡς καί τινες τῶν καθ' ὑμᾶς ποιητῶν εἰρήκασιν, Τοῦ γὰρ καὶ γένος ἐσμέν.
(*Act. Ap.* 17. 28)

In ihm [Gott] leben und weben und sind wir, wie einer eurer Dichter gesagt hat: ,Denn wir sind seines Geschlechtes.'

Das Zitat stammt aus dem Prolog des Werks des Arat, wo Zeus – der stoischen Doktrin entsprechend – den Kosmos bis ins Letzte durchdringt und nicht nur ein persönlicher Lenker der Geschicke aller Wesen ist, sondern auch ein alles durchwebender Weltgeist:[230]

Ἐκ Διὸς ἀρχώμεσθα, τὸν οὐδέποτ' ἄνδρες ἐῶμεν
ἄρρητον· μεσταὶ δὲ Διὸς πᾶσαι μὲν ἀγυιαί,
πᾶσαι δ' ἀνθρώπων ἀγοραί, μεστὴ δὲ θάλασσα
καὶ λιμένες· πάντη δὲ Διὸς κεχρήμεθα πάντες.
Τοῦ γὰρ καὶ γένος εἰμέν.
(Arat. *Phain.* 1–5)

Lasst uns mit Zeus beginnen, den wir Menschen nicht unerwähnt lassen sollten. Mit Zeus gefüllt sind alle Straßen und alle menschlichen Versammlungsplätze, voll von ihm sind das Meer und die Häfen. Wir sind überall auf Zeus angewiesen. Denn wir sind sogar sein Geschlecht.

Es liegt auf der Hand, dass der Apostel in seinem Bestreben, die christliche Gottesauffassung den „heidnischen" Athenern näher zu bringen, den olympischen Gott zum himmlischen Vater christianisierte, und sich dadurch die fruchtbare Spannung der hermeneutischen Gegenpole ,fremdartig vs. vertraut' zunutze machte.[231] Die Allgegenwärtigkeit des Zeus gemäß der stoischen Lehre avanciert zur Allmächtigkeit des christlichen Gottes. Der Gedanke der Durchdringung der Welt durch eine höhere Macht ist bereits bei Hesiod anzutreffen, der den Namen des Zeus über die Präposition διά (,durch') volksetymologisch als ,höchsten Urheber, durch den alles geschieht' deutet: ὅν τε διὰ βροτοὶ ἄνδρες ὁμῶς ἄφατοί τε φατοί τε, / ῥητοί τ' ἄρρητοί τε Διὸς μεγάλοιο ἕκητι (Hes. *erg.* 3 f.: „Durch den ein Jeder namhaft und namenlos wird, in aller Munde oder ungenannt – nach dem Willen des großen Zeus"). Dass Arat auch bei Hesiod Anleihen gemacht hat, zeigt der Begriff ἄρρητον (V. 2), der bei Hesiod eine wörtliche Entsprechung hat.[232] Beim Apostel

---

[230] Über die gemeinsame Abstammung von Menschen und Göttern vgl. Pind. *N.* 6. 1–7.
[231] Die berühmteste Interpretation der Rede bleibt nach wie vor Norden 1913 (wo auch der Titel ,Agnostos Theos' ein Ausdruck aus derselben Rede ist).
[232] Zudem hat ἄρρητον beim hellenistischen Dichter eine weitere Pointe, indem es auf seinen eigenen Namen ,Aratos' hinweist. Dieser Kunstgriff kommt einer Sphragis (,Stempel') gleich, die ebenso Hesiod als Erster eingesetzt zu haben scheint (*theog.* 22). Des-

vermittelt die Wendung ἐν αὐτῷ γὰρ ζῶμεν καὶ κινούμεθα καὶ ἐσμέν die Botschaft der allgegenwärtigen göttlichen Natur.[233]

Bei der Behandlung der Überlieferungsgeschichte haben wir dem Weiterleben der hellenistischen Literatur in Byzanz nachgespürt. Die Praxis des Abschreibens und die geistige Aneignung eines Gedanken- und Formgutes sind indessen zwei verschiedene Aspekte, und es hat den Anschein, dass man in Byzanz – abgesehen von einigen Ausnahmen wie Michael Choniates, der für Kallimachos schwärmte – nicht viel für die alexandrinische Literatur übrig hatte, da man sich eher an den klassisch-attischen Vorbildern orientierte. Diese „Zimperlichkeit" hat sich auch später für die Verbreitung der hellenistischen Literatur in weiteren Kreisen als hinderlich erwiesen. Auch der literarische Geschmack des Humanismus in der Renaissance war ganz anders ausgerichtet, sieht man von Angelo Poliziano ab, der sogar das erste wissenschaftliche Werk der hellenistischen Philologie produzierte, einen Kommentar zum kallimacheischen Hymnos an Athene (*h*. 5: *Lutra Palladis*). Dem abschätzigen Urteil der frühen Neuzeit entgegen hat Josephus Justus Scaliger im Hellenismus einen Spätsommer der griechischen Kultur erblickt, der chronologisch zwar auf das klassische Zeitalter folgte, diesem jedoch in kultureller Hinsicht kaum unterlegen war, da er viele literarische Früchte hervorgebracht hatte.[234] In diesem Sinne schreibt er an Salmasius (Claude Saumaise) in einem Brief des Jahres 1607: *autumnus ab aestate non degenerans praestantissimos homines extulit [...] Quid ingeniosius Callimacho? [...] Quid Theocrito amoenius?*[235]

In Anbetracht dieser allgemeinen Einstellung hat J. J. Winckelmanns einflussreiches und paradigmatisches Hauptwerk, die *Geschichte der Kunst des Alterthums* (1764), nichts Neues gebracht, nur die zurückhaltende Distanz versteift, mit der man dem Hellenismus begegnete. Winckelmann konnte es in Anbetung der *edlen Einfalt und stillen Größe* des Griechentums nicht übers Herz gewinnen, sich für die hochkomplizierte und verfeinerte Kunst der Alexandriner zu erwärmen. Er hielt diese für Repräsentanten der kulturellen Peripherie mit einer dekadenten Kul-

---

gleichen spielt auch Kallimachos in seiner Huldigung auf den Namen des Dichters an (*ep*. 27. 4: ῥήσιες, Ἀρήτου). Zum ganzen Fragenkomplex vgl. Bing 1990.

[233] Die Luthersche Übersetzung der Wendung (*in dem leben, weben und sind wir*) hat dann zum stehenden Ausdruck *was lebt und webt* geführt. Die Wurzel des Verbs ‚weben' steht ursprünglich mit ‚sich drehen', ‚sich bewegen' im Zusammenhang (auch vorhanden in ‚Weib', ‚Feldwebel', ‚Wirt'), wovon sekundär auch die Tätigkeit am Webstuhl herrührt (aufgrund des sich hin- und herbewegenden Weberschiffchens).

[234] Von ihm stammt die kongeniale Ergänzung der fragmentarischen *Locke der Berenike* anhand der catullianischen Überarbeitung. Das *opusculum* hat er dem neulateinischen Dichter Antonius Muretus gewidmet. Die andere divinatorische Rekonstruktion des *Plokamos* ist die Arbeit von Barber 1936.

[235] Die Passage wird von Pfeiffer 1955, S. 69 herangezogen. Die provokative Frage *Quid ingeniosius Callimacho?* will der ovidianischen Rüge (*am*. 1. 15. 14; siehe oben) widersprechen (*Palinodie*).

tur. So ist es kein Wunder, dass die Schöpfer der Romantik und des sog. zweiten Humanismus die als kühl und ironisch empfundene hellenistische Literatur mit demselben schalen Unbehagen auf Distanz hielten wie ihre gleichgesinnten Vorgänger. Freilich ist im Gegensatz zum ‚naiven' Goethe[236] beim ‚sentimentalen' Schiller ein Hauch vom Geiste des Kallimachos zu spüren. Das Thema der Ballade *Der Alpenjäger* ist mit einer *Aitien*-Episode, dem *Venator gloriosus* (*fr.* 96), zu vergleichen: Beide Male geht es um die göttliche Bestrafung eines hoffärtigen Jägers. Es handelt sich jedoch eher um einen ähnlichen narratologischen Kunstgriff als um eine direkte Übernahme von Kallimachos, wenn im *Taucher* ein fiktiv-hypothetischer Gedankenversuch als Kommentar-Einsprengsel des Erzählers erscheint:

> Und wärfst du die Krone selber hinein
> Und sprächst: wer mir bringet die Kron',
> Er soll sie tragen und König sein –
> Mich gelüstet nicht nach dem teuren Lohn.
> Was die heulende Tiefe da unten verhehle,
> Das erzählt keine lebende glückliche Seele.
>
> (*Der Taucher* 55–60)

Kallimachos veranschaulicht in seinem Artemis-Hymnos den Tanz der Göttin und ihres Chores durch den folgenden pseudobiographischen Erzählerkommentar:

> μὴ νειὸν τημοῦτος ἐμαὶ βόες εἵνεκα μισθοῦ
> τετράγυον τέμνοιεν ὑπ' ἀλλοτρίῳ ἀροτῆρι·
> ἦ γάρ κεν γυιαί τε καὶ αὐχένα κεκμηυῖαι
> κόπρον ἔπι προγένοιντο, καὶ εἰ Στυμφαιίδες εἶεν
> εἰναετιζόμεναι κεραελκέες, αἳ μέγ' ἄρισται
> τέμνειν ὦλκα βαθεῖαν· ἐπεὶ θεὸς οὔποτ' ἐκεῖνον
> ἦλθε παρ' Ἥλιος καλὸν χορόν, ἀλλὰ θεῆται
> δίφρον ἐπιστήσας, τὰ δὲ φάεα μηκύνονται.   (Kall. *h.* 3. 175–182)

Mögen zu jener Zeit [wenn Artemis und ihr Nymphenchor einen Reigentanz aufführen] meine Rinder nicht vier Morgen Ackerfeld um des Lohns willen unter einem fremden Tagelöhner pflügen; denn wahrlich würden sie mit lahmen Gliedern und erschöpftem Nacken zum Stall zurückkehren, selbst wenn sie epirotische wären, neunjährig und mit geschwungenen Hörnern, die mit Abstand die besten sind,

---

[236] Es ist bezeichnend, dass sich Goethe – laut Grumachs Testimoniensammlung (1949 I 311 f.) – über die hellenistische Dichtung selten äußerte, und wenn, dann nur über die Schlüsselfigur Theokrit (in Bezug auf den *Schattigen Hain*, die Episode in *Faust* II, die am ehesten theokriteischen Geist atmet). Trotzdem hält Ziegler 1919, S. 63 in seiner scharfsinnigen Analyse, die manchen logischen Widersprüchen gnadenlos auf den Leib rückt, die *Klassische Walpurgisnacht* für ein Muster „alexandrinischer Kleinkunst": detailfreudig, verfeinert und kaum ohne Kommentar zu verstehen – eine etwas übertriebene Meinung, der es jedoch an einem Wahrheitskern nicht ganz gebricht.

eine tiefe Furche zu ziehen; denn der Gott Helios ging noch nie an jenem schönen Reigen vorüber, sondern hält voller Bewunderung seinen Wagen an, und die Tagesstunden verlängern sich.

Beide Dichter negieren ein Ereignis (‚Sich-Trennen vom Anblick' ~ ‚das Untertauchen wagen') von ihrem subjektiven Gesichtspunkt her, statt den einfachen Sachverhalt (‚Artemis tanzt wunderschön' ~ ‚das Wagnis ist äußerst riskant') unumwunden zu formulieren.[237]

Am Anfang des 20. Jahrhunderts ist der hellenistischen Literatur erhebliche Bereicherung durch Papyrusfunde zuteilgeworden, vor allem haben sich manche schattigen Nischen der kallimacheischen Dichtung erhellt. Gleichwohl blieb der Zuwachs innerhalb des Geheges der klassischen Philologie und hat kein Publikumsaufsehen erregt. Wenn auch literarische Strömungen wie der Parnassianismus mit seinem formellen Perfektionsstreben oder der Ästhetizismus des George-Kreises eine gewisse Wahlverwandtschaft mit der alexandrinischen Dichtung zeigen, war das kulturelle Erbe des Hellenismus nie so stark in den Elfenbeinturm verbannt wie gerade um die Jahrhundertwende. Dieser *status quo* besteht nach wie vor bis heute, obschon in der Philologie inzwischen ein Wandel eingetreten ist und heutzutage die hellenistischen Studien allerorten fleißig kultiviert werden. Zieht man nun in Betracht, dass die antike Literatur nicht mehr zu den zentralen Anliegen der Gesellschaft gehört, ist nicht zu hoffen noch zu erwarten, dass die hellenistische Dichtung je wieder in den Mittelpunkt des Interesses rückt und breitere Leserkreise ansprechen wird.

Um jedoch diese Einführung, die für diese längst verstummte Literatur in die Bresche springen und – bis eine bessere sie ablöst – als Lückenbüßer dienen wollte, nicht mit diesem düster-melancholischen Ton zu schließen, wollen wir durch ein letztes interessantes Rezeptionsbeispiel dieses Kapitel und damit das Buch abrunden. In Thomas Manns *Doktor Faustus*[238] tritt eine Episodenfigur ungarischer Abstammung, die rätselhafte Madame de Tolna, auf, die als begeisterte Anhängerin und Mäzenin den Protagonisten, den mit dem Teufel verbündeten genialen Komponisten Adrian Leverkühn,[239] unterstützt und ihm als Zeichen ihrer Vereh-

---

[237] Ein ähnlich gekünstelter und ironisch gebrochener Erzählerkommentar ist die verblüffte Würdigung der magischen Kräfte Medeias anlässlich der Tötung des bronzezeitlichen Riesen Talos (Ap. Rhod. 4. 1673–1675).

[238] Thomas Mann: *Doktor Faustus*, Frankfurt am Main 2001, S. 522 f.

[239] Die Namengebung fügt sich in die bereits bei den Griechen belegbare Tradition, der zufolge im Namen der Person bereits deren Charakter/Schicksal beschlossen liegt (nach dem Prinzip *nomen est omen*, aber noch radikaler). ‚Leverkühn' bedeutet ‚von kühnem Mut', da ‚Leber' der griechischen φρήν entspricht, die sich auf den Bereich des Zwerchfells bezieht und als Sitz der Gemütsregungen galt (für ‚kühn' als Bestandteil von Namen vgl. ‚Konrad', ‚Tolkien' ~ ‚tollkühn'). Für ‚Leber' mit derselben Funktion im Germanischen vgl. die Wendung *jmdm. ist eine Laus über die Leber gelaufen*.

rung einen Ring zuschickt, auf dessen Schmuckstein eine griechische Inschrift eingraviert ist, deren Text – im Roman nur als Übersetzung mitgeteilt – lautet:

> Welch ein Beben durchfuhr den Lorbeerbusch Apolls!

Dr. Serenus Zeitblom, der innere Narrator der Erzählung, der sich als Humanist und Philologe bezeichnet, erkennt sofort, heißt es, die Quelle des Zitats, die Anfangsverse des Apollon-Hymnos des Kallimachos.[240] Die Mann-Philologie hat dann zu ermitteln gewusst, dass die Übersetzung von Emil Staiger stammt, den Karl Kerényi, der ungarische Altertumswissenschaftler, in einem Aufsatz anführt, den der deutsche Schriftsteller gelesen und aus dem er das Zitat geschöpft haben soll.[241]

Auf das Zitat folgt eine genauere Beschreibung des Kunstwerks, die gattungsmäßig der sog. Ekphrasis, einer Schilderung von Kunstgegenständen, Gebäuden und Orten durch literarische Mittel, zuzuordnen ist. Eine wiederkehrende Formel der homerischen *ekphraseis* ist die Wendung θαῦμα ἰδέσθαι (‚ein Wunder zu sehen'), was bei Thomas Mann zu *herrlich zu schauen* wird, obendrein als erklärend-ergänzendes Anhängsel am Satzende (sog. Epexegese), wie in den epischen Texten. Zugleich findet auch eine Verschiebung der Gattungsgrenzen insofern statt, als der Hymnentext in eine In- und Aufschrift (Epigramm) umgewidmet wird. Zudem wird nachdrücklich darauf hingewiesen, dass die eingravierten Buchstaben trotz ihres miniaturhaften Charakters vollkommen leserlich bleiben. Das Motiv der feingewirkten Ziseliertheit erscheint in der thematisch einschlägigen Reihe *Lithika* (‚Schmucksteine') des Epigrammenbuchs des Poseidippos, wo es – ebenso wie beim die Inschrift ergänzenden Emblem im Roman – um einen Drachen geht, der ein Medaillon umsäumt (*ep.* 14 A–B).[242]

Indessen trägt Apoll bei Thomas Mann im Gegensatz zu Kallimachos' eindeutig positivem Apoll-Bild etwas Ambivalent-Beunruhigendes in sich. Dabei wandelt er sich dahingehend, dass er mit seinem mythischen Antagonisten, dem delphischen Drachen Python, in eins gesehen wird. Im kallimacheischen Gedicht besiegt Apoll das Ungetüm mithilfe seiner Pfeile (V. 97–104); und man weiß von ei-

---

[240] *H.* 2. 1 f.: Οἷον ὁ τὠπόλλωνος ἐσείσατο δάφνινος ὄρπηξ, / οἷα δ' ὅλον τὸ μέλαθρον· ἑκὰς ἑκὰς ὅστις ἀλιτρός.

[241] Kerényi 1945, S. 15. Mann hat nicht nur dieses Zitat dem Aufsatz entlehnt, sondern auch andere Elemente (z. B. das Schlangenmotiv) übernommen und seinen Grundgedanken in die Problematik seines Buches mit einfließen lassen. Nach Kerényi stellt Apoll einen Verbund von gegensätzlichen Mächten, sowohl heilvollen als auch zerstörerischen, dar, deren Gleichgewicht der Gott selbst gewährleistet. Im Falle Leverkühns gerät diese Harmonie aus den Fugen, indem die dunkle Seite die Oberhand gewinnt.

[242] Thomas Mann konnte dieses Epigramm, das erst 1992 in der Mailänder Sammlung aufgetaucht ist, unmöglich gekannt haben. Die große Ähnlichkeit beruht also nicht auf unmittelbarer Übernahme, sondern auf dem Topos-Charakter des Motivs der Miniaturhaftigkeit.

nem wohl lyrisch-dithyrambischen Stück (*nomos Pythios*) des Sakadas von Argos, in dem die Agonie des verröchelnden Drachen durch eine zischende Flötenpartie angedeutet wurde. Hier ist es Apoll, der in dem den Text begleitenden „vignettenartigen Wahrzeichen" sich mit dem „geflügelt-schlangenhaften Ungeheuer",[243] dessen Zunge einem Pfeil gleicht, assoziiert. Es unterliegt keinem Zweifel, dass das in der Gedankenwelt des Romans der Teufel selbst ist, dem Adrian unmerklich anheimfällt, indem er sich den zweideutigen musikalischen Harmonien verschreibt.

Dies ist ein Rezeptionsfall sondergleichen, da hier aus Apoll, dem Gott der Dichtung, dem Vorbild und Schirmherrn der hellenistischen Ptolemäer, der Urbösewicht der christlich-europäischen Kultur, – um mit Luther zu reden – „der alt böse Feind" wird.[244]

Mit dieser disharmonischen Note, die viele Fragen im Raum stehen lässt, schließt dieses Kapitel und zugleich diese Einführung in die hellenistische Poesie.

---

[243] Man beachte, dass die Bedeutung des Wortes *Ungeheuer* ‚un-geheuer', d. h. ‚nicht alltäglich', ist. Das semantische Feld ist also weiter gefasst, als die Gleichsetzung mit ‚Monster' suggeriert.

[244] Das Syntagma ist übrigens ein Dochmius (⌣——⌣—), derjenige antike Versfuß, der aus zwei Teilen gegensätzlichen Charakters (steigend vs. sinkend) besteht und so widersprüchliche Gefühle ausdrücken kann.

5 Bibliographie

Benjamin Acosta-Hughes: *Arion's Lyre. Archaic Lyric into Hellenistic Poetry*, Princeton–Oxford 2010.

Benjamin Acosta-Hughes – Susan A. Stephens: *Callimachus in Context. From Plato to the Augustan Poets*, Cambridge 2012.

Benjamin Acosta-Hughes: *That I Be Your Plaything. The Cult of Arsinoe-Aphrodite in Image and Text*, in: *Women and Power in Hellenistic Poetry*, ed. by M. A. Harder – J. J. H. Klooster – R. F. Regtuit – G. C. Wakker, (Hellenistica Groningana 26), Leuven – Paris 2021, S. 13–33.

Zsolt Adorjáni: *Euphemos, Pindar und Apollonios Rhodios. Zu* Arg. *4,1731–1772*, in: *RhM* 155 (2012), S. 108–112.

Zsolt Adorjáni: *Bemerkungen zu Pindar fr. 140b*, in: *ZPE* 204 (2017), S. 10–15.

Zsolt Adorjáni: *Der Gott und der König. Bemerkungen zu Pindar, Kallimachos, Cicero und den Neupythagoreern Ekphantos und Diotogenes*, in: *Hermes* 146 (2018), S. 392–414.

Zsolt Adorjáni: *Virgil's Callimachean Pindar. Kingship and the Baby Iamus in* Ecl. *4. 23–5*, in: *CQ* 71 (2021), S. 649–654.

Annemarie Ambühl: *Kinder und junge Helden. Innovative Aspekte des Umgangs mit der literarischen Tradition bei Kallimachos* (Hellenistica Groningana 9), Leuven – Paris 2005.

Ryan K. Balot: *Pindar, Virgil, and the Proem to* Georgic *3*, in: *Phoenix* 52 (1998), S. 83–94.

Eric Arthur Barber: The Lock of Berenice*: Callimachus and Catullus*, in: *Greek Poetry and Life. Studies Presented to Gilbert Murray on His Seventieth Birthday*, ed. by C. Bailey – C. M. Bowra – E. A. Barber – J. D. Denniston – D. L. Page, Oxford 1936, S. 343–363.

Giuseppina Basta Donzelli: *Arsinoe simile ad Elena (Theocritus Id. 15,110)*, in: *Hermes* 112 (1984), S. 306–316.

Valentina Bertazzoli: *Callimaco e Virgilio a confronto: l'apoteosi di Arsinoe e la morte di Didone*, in: *Invigilata Lucernis* 24 (2002), S. 27–35.

Peter Bing: *The Well-Read Muse. Present and Past in Callimachus and the Hellenistic Poets* (Hypomnemata 90), Göttingen 1988.

Peter Bing: *A Pun on Aratus' Name in Verse 2 of the* Phainomena, in: *HSCPh* 93 (1990), S. 281–285.

Peter Bing – Volker Uhrmeister: *The Unity of Callimachus' Hymn to Artemis*, in: *JHS* 114 (1994), S. 19–34.

Peter Bing: *'Ergänzungsspiel' in the Epigrams of Callimachus*, in: *A&A* 41 (1995), S. 115–131.

Gregor Bitto: *Pindar, Paratexts, and Poetry: Architectural Metaphors in Pindar and Roman Poets (Virgil, Horace, Propertius, Ovid, and Statius)*, in: *The Reception of Greek Lyric Poetry in the Ancient World: Transmission, Canonization and Paratext*, ed. by B. Currie – I. Rutherford, (Studies in Archaic and Classical Greek Song 5, Mnem. Suppl. 430), Leiden – Boston 2020, S. 295–317.

A. W. Bulloch: *Hellenistic Poetry*, in: *The Cambridge History of Classical Literature*, ed. P. E. Easterling – B. M. W. Knox, I 4: *The Hellenistic Period and the Empire*, Cambridge 1985, S. 1–81.

Elroy L. Bundy: *The Quarrel Between Kallimachos and Apollonios* I: *The Epilogue of Kallimachos' Hymn to Apollo*, in: *CSCA* 5 (1972), S. 39–94.

Alan Cameron: *Callimachus and His Critics*, Princeton 1995.

Keyne Cheshire: *Kicking ΦΘΟΝΟΣ: Apollo and His Chorus in Callimachus'* Hymn *2*, in: *ClPh* 103 (2008), S. 354–373.

James J. Clauss: *Lies and Allusions: The Addressee and Date of Callimachus' Hymn to Zeus*, in: *ClAnt* 5 (1986), S. 155–170.

Dee L. Clayman: *Berenice II and the Golden Age of Ptolemaic Egypt*, Oxford 2014.

Ernst Robert Curtius: *Europäische Literatur und lateinisches Mittelalter*, Tübingen–Basel [11]1993.

Franz Dornseiff: *Kallimachos' Hymnos auf Artemis* in: *PhW* 56 (1936), S. 734.

Norbert Ehrhardt: *Poliskulte bei Theokrit und Kallimachos: Das Beispiel Milet*, in: *Hermes* 131 (2003), S. 269–289.

Therese Fuhrer: *Die Auseinandersetzung mit den Chorlyrikern in den Epinikien des Kallimachos* (Schweizerische Beiträge zur Altertumswissenschaft 23), Basel – Kassel 1992.

Monica R. Gale: *Etymological Wordplay and Poetic Succession in Lucretius*, in: *ClPh* 96 (2001), S. 168–172.

Frederick T. Griffiths: *Theocritus at Court*, (Mnemosyne, Suppl. 55), Leiden 1979.

Ernst Grumach: *Goethe und die Antike. Eine Sammlung* I, Berlin 1949.

Kathryn Gutzwiller: *Charites or Hiero: Theocritus' Idyll 16*, in: *RhM* 126 (1983), S. 212–238.

Kathryn Gutzwiller: *The Nautilus, The Halkyon, and Selenaia: Callimachus's Epigram 5 Pf. = 14 G.–P.*, in: *ClAnt* 11 (1992), S. 194–209.

Kathryn Gutzwiller: *A Guide to Hellenistic Literature* (Blackwell Guides to Classical Literature), Malden – Oxford 2007.

Pierre Hadot: s. v. *Fürstenspiegel*, in: *RAC* 8 (1972), S. 555–632.

M. Anette Harder: *Callimachus:* Aitia, *I: Introduction, Text, and Translation*, II: *Commentary*, Oxford 2012.

M. Anette Harder: *From Scamander to Demeter. Allusions to Homer in the Sixth Hymn to Callimachus*, in: *Callimachus Revisited. New Perspectives in Callimachean Scholarship*, ed. by J. J. H. Klooster – M. A. Harder – R. F. Regtuit – G. C. Wakker, (Hellenistica Groningana 24), Leuven – Paris 2019, S. 121–145.

Alex Hardie: *The Ancient "Etymology" of ΑΟΙΔΟΣ*, in: *Philologus* 144 (2000), S. 163–175.

Alex Hardie: *Etymologising the Muse*, in: *M&D* 62 (2009), S. 9–57.

Hans Herter: *Die Haaröle der Berenike*, in: *Kallimachos*, ed. A. D. Skiadas, (WdF 296), Darmstadt 1975, S. 186–206.

Alfred Heubeck: *Omero:* Odissea. *Introduzione, testo e commento*, (Scrittori Greci e Latini) III, Milano ^{4}1988.

Richard Hunter: *Hellenismus*, in: *Einleitung in die griechische Philologie*, hrsg. von Heinz-Günther Nesselrath, Wiesbaden 1997, S. 246–268.

Gregory Hutchinson: *Hellenistic Poetry*, Oxford 1988.

Gregory Hutchinson: *The* Aitia: *Callimachus' Poem of Knowledge*, in: *ZPE* 145 (2003), S. 47–59.

Karl Kerényi: *Apollon-Epiphanien*, in: *Eranos-Jahrbuch* 13 (1945), S. 11–49.

Arnd Kerkhecker: Μουσέων ἐν ταλάρῳ – *Dichter und Dichtungen am Ptolemäerhof*, in: *A&A* 43 (1997), S. 124–144.

Arnd Kerkhecker: *Zur internen Gattungsgeschichte der römischen Epik: Das Beispiel Ennius*, in: *L'histoire littéraire immanente dans la poésie Latine. Huit Exposés suivis de Discussions*, éd. par E. A. Schmidt, (Fondation Hardt: Entretiens sur l'Antiquité Classique 47), Vandœuvres – Genève 2001, S. 52–63.

Jacqueline Klooster – Baukje van den Berg (ed): *Homer and the Good Ruler in Antiquity and Beyond*, (Mnemosyne, Suppl. 413), Leiden – Boston 2018.

Wolfgang Kofler: *Kallimachos' Wahlverwandtschaften. Zur poetischen Tradition und Gattung des Apollonhymnos*, in: *Philologus* 140 (1996), S. 230–247.

Adolf Köhnken: *Apollonios Rhodios und Theokrit. Die Hylas- und Amykosgeschichte beider Dichter und die Frage der Priorität*, (Hypomnemata 12), Göttingen 1965.

Adolf Köhnken: *Apollo's Retort to Envy's Criticism (Two Questions of Relevance in Callimachus, Hymn. 2,105ff.)*, in: *AJPh* 102 (1981), S. 411–422.

Adolf Köhnken: *Artemis im Artemishymnos des Kallimachos*, in: *Callimachus* II, ed. by M. A. Harder – R. F. Regtuit – G. C. Wakker, (Hellenistica Groningana 7), Leuven – Paris 2004, S. 161–171.

Adolf Köhnken: *Der Argonaut Euphemos*, in: *Beginning from Apollo. Studies in Apollonius Rhodius and the Argonautic Tradition*, ed. by A. Harder – M. Cuypers, Leuven – Paris 2005, S. 70–75.

Phillipe-Ernest Legrand: *Pourquoi furent composés les* Hymnes *de Callimaque*, in: *REA* 3 (1901), S. 281–312.

Ludolf Malten: *Kyrene. Sagengeschichtliche und historische Untersuchungen*, Berlin 1911.

Werner Meincke: *Untersuchungen zu den enkomiastischen Gedichten Theokrits. Ein Beitrag zum Verständnis hellenistischer Dichtung und des antiken Herrscherenkomions* (Diss. Kiel) 1965.

Reinhold Merkelbach: *Bettelgedichte (Theokritos, Simonides und Walther von der Vogelweide)*, in: *RhM* 95 (1952), S. 312–327.

Kenneth John McKay: *Solar Motifs or, Something New under the Sun*, in: *Antichthon* 10 (1976), S. 39–43.

Anatole Mori: *The Politics of Apollonius Rhodius' Argonautica*, Cambdridge 2008.

Sabine Müller: *Das hellenistische Königspaar in der medialen Repräsentation. Ptolemaios II und Arsinoe II.*, (Beiträge zur Altertumskunde 263), Berlin – New York 2009.

Heinz-Günther Nesselrath: *Das Museion und die Große Bibliothek von Alexandria*, in: *Alexandria*, hgg. von T. Georges – F. Albrecht – R. Feldmeier unter Mitarbeit von M. Kaden – Ch. Martsch, Tübingen 2013, S. 65–89

Eduard Norden: *Agnostos Theos. Untersuchungen zur Formengeschichte religiöser Rede*, Leipzig–Berlin 1913.

Herbert William Parke: *The Temple of Apollo at Didyma: The Building and Its Function*, in: *JHS* 106 (1986), S. 121–131.

Peter John Parsons: *Callimachus:* Victoria Berenices, in: *ZPE* 25 (1977), S. 1–50.

Ivana Petrovic: *Von den Toren des Hades zu den Hallen des Olymp. Artemiskult bei Theokrit und Kallimachos*, (Mnemosyne, Suppl. 281), Leiden – Boston 2007.

Rudolf Pfeiffer: *Arsinoe Philadelphos in der Dichtung*, in: *Die Antike* 2 (1926), S. 161–174.

Rudolf Pfeiffer: *Die neuen ΔΙΗΓΗΣΕΙΣ zu Kallimachosgedichten* (SBBAW 10) 1934.

Rudolf Pfeiffer: *Callimachus* I (*Fragmenta*) – II (*Hymni et Epigrammata*), Oxford 1949–1953.

Rudolf Pfeiffer: *The Future of Studies in the Field of Hellenistic Poetry*, in: *JHS* 75 (1955), S. 69–73.

Rudolf Pfeiffer: *History of Classical Scholarship. From the Beginnings to the End of the Hellenistic Age*, Oxford 1968.

Mario Puelma: *Die Aitien des Kallimachos als Vorbild der römischen Amores-Elegien* I–II, in: *MH* 39 (1982), S. 221–246; 287–304.

Gerhard Radke: *Die ΛΕΥΚΑΙ ΚΟΡΑΙ in Delphi und ähnliche Gottheiten*, in: *Philologus* 92 (1937), S. 387–402.

Richard Rawles: *Simonides the Poet. Intertextuality and Reception*, Cambridge 2018.

Antonios Rengakos: *Homerische Wörter bei Kallimachos*, in: *ZPE* 94 (1992), S. 21–47.

Thomas G. Rosenmeyer: *The Green Cabinet. Theocritus and the European Pastoral Lyric*, Berkeley – Los Angeles – London 1969.

J. Manuel Schulte: *Speculum regis. Studien zur Fürstenspiegel-Literatur in der griechisch-römischen Antike*, (Antike Kultur und Geschichte 3), Münster – Hamburg – London 2001.

Ernst-Richard Schwinge: *Künstlichkeit von Kunst. Zur Geschichtlichkeit der alexandrinischen Poesie*, München 1986.

Otto Skutsch: *The Annals of Quintus Ennius. Edited with Introduction and Commentary*, Oxford 1986.

Susan A. Stephens: *Seeing Double. Intercultural Poetics in Ptolemaic Alexandria*, (Hellenistic Culture and Society 37), Berkeley – Los Angeles 2003.

Susan A. Stephens: *The Poets of Alexandria*, (Understanding Classics), London – New York 2018.

Rolf Strootman: *The Dawning of a Golden Age: Images of Peace and Abundance in Alexandrian Court Poetry in Relation to Ptolemaic Imperial Ideology*, in: *Hellenistic Poetry in Context*, ed. by M. A. Harder – R. F. Regtuit – G. C. Wakker, (Hellenistica Groningana 20), Leuven – Paris 2014, S. 323–339.

Paul Thieme: *Ambrosia*, in: *Indogermanische Dichtersprache*, hg. von R. Schmitt, (WdF 165), Darmstadt 1968, 113–132.

Richard F. Thomas: *Virgil's Pindar?*, in: *Style and Tradition: Studies in Honor of Wendell Clausen*, ed. by E. Knox – C. Foss, Stuttgart 1998, S. 99–120.

László Török: *Ianus-arcok. Összegyűjtött tanulmányok, recenziók, fordítások és kommentárok*, Budapest 2008.

Gregor Weber: *Dichtung und höfische Gesellschaft. Die Rezeption von Zeitgeschichte am Hof der ersten Ptolemäer*, (Hermes-Einzelschriften 62), Stuttgart 1993.

Otto Weinreich: *Gebet und Wunder. Zwei Abhandlungen zur Religions- und Literaturgeschichte*, Stuttgart 1929.

Ulrich von Wilamowitz-Moellendorff: *Hellenistische Dichtung in der Zeit des Kallimachos* II: *Interpretationen*, Berlin 1924.

Frederick Williams: *Callimachus: Hymn to Apollo. A Commentary*, Oxford 1978.

Walter Wimmel: *Kallimachos in Rom. Die Nachfolge seines apologetischen Dichtens in der Augusteerzeit*, Wiesbaden 1960.

Graham Zanker: *Realism in Alexandrian Poetry: A Literature and Its Audience*, London – Sidney 1987.

Konrat Ziegler: *Gedanken über Faust* II, Stuttgart 1919.

Konrat Ziegler: *Das hellenistische Epos. Ein vergessenes Kapitel griechischer Dichtung*, Leipzig ²1966.

6 Register

6.1 Abkürzungen

Aen. = Aeneis

Ait. = Aitia

am. = amores

ars = ars poetica

c. = carmina

de. aud. poet. = de audiendis poetis

ecl. = ecloga

ep. = epigramma

ep. = epistula

fr. = fragmentum

georg. = Georgica

gramm. = grammatica

h. = Hymnos

h. Ap. = hymnus ad Apollinem

h. Cer. = hymnus ad Cererem

h. Iov. = hymnus ad Iovem

h. Merc. = hymnus ad Mercurium

Hdt. = Herodot

id. = Idylle

Il. = Ilias

Kratyl. = Kratylos

N. = nemeische Oden

O. = olympische Oden

Od. = Odyssee

P. = pythische Oden

Phaidr. = Phaidros

Phain. = Phainomena

Phars. = Pharsalia

rhet. = Rhetorik

Σ = Scholion

theog. = Theogonia

6.2 Allgemeine Begriffe

adventus　　s. Epiphanie

aition, Aitiologie　　72, 81–84, 87, 98 f., 111

Akrostichon　　8

Allegorese　　21 Anm. 38, 34 f., 50 Anm. 105, 110

Ambrosia　　69 f., 111

Anagramm　　48

Anakoluth　　34 Anm. 62

Anapher　　67, 75

　　bukolische　　84

anapästisch　　88

Anecdoton Parisinum　　22

Anrufung　　s. Invokation

Anthologie　　16, 84 Anm. 182

Aporie　　45, 57, 62–64

aposiopesis　　34 Anm. 62

Apostrophe　　51, 83, 90, 104

Apotheose　　39, 64, 87

Aretalogie　　71, 73

arte allusiva　　24

Athetese　　22

Attizismus　　15

Ästhetizismus　　120

Brachylogie　　90

Chiasmus, chiastisch　　40, 44 Anm. 90, 45, 68, 111

Christianisierung　　52, 62 Anm. 126, 117

daktylisch　　88

Deixis　　89

　　ad oculos　　56, 77

　　am phantasma　　56, 67

delisches Problem　　20 Anm. 36

detestatio belli　　34

Diadochen　　10

Diegesis　　73 f.

Diple　　22

dis legomenon　　22

Dochmius　　122 Anm. 244

edaphos　　20

editio princeps　　17

Eidograph　　95

eidyllion (Idylle) 16, 37, 86 Anm. 188

ekdosis　　20, 95

Ekphrasis　　75, 84, 121

Elegie (historische)　　88

Enallage　　31

Enkomium, enkomiastisch　　28, 30, 42–44, 77, 79, 89, 102, 109–111

Epanadiplose 67

Epanalepse 64

Epexegese 121

Epigramm (votives) 32, 47, 121

Epikureismus 21, 35, 63 f.

Epilog 65, 72 f.

Epinikion 79, 104 f., 112

Epiphanie 30, 67, 70 Anm. 142, 110

Epithalamion 46

Epitome 84

Epos, episch 13, 39, 45, 89, 96, 102, 104, 108, 121

Ergänzungsspiel 87

Etymologie (poetische) 31, 43, 50 Anm. 105, 51, 59 f., 69, 74, 85 Anm. 185, Anm. 187, 97, 99, 111, 116 f., 120 Anm. 239

Fiktion, Fiktionalität 20, 56, 67, 104, 119

Fürstenspiegel 28, 35

Gattungskreuzung 32

Genrebild 27, 110

Gleichnis (episches) 45, 71

Glossa 23, 51, 71

hapax legomenon 21, 51

Herrschertugend(en) 28, 30, 37 Anm. 69, 50, 73 f., 97

hieros gamos 34, 45 Anm. 94, 82

Humanismus 118 f., 121

Neu- 9, 119

Humor 26, 30, 73 f.

Hybris 76

Hymnos, hymnisch 43, 62, 90, 101

Hypostase 34, 69

Iambos 37 Anm. 68, 64, 85 Anm. 186, 86

Ideologie (ptolemäische) 30 f., 34, 38, 51, 53, 77 f., 81, 87 f., 92, 97

ie paieon 72

imitatio per oppositionem 9 Anm. 7

Inkubation 51

Invokation 23, 62, 73–76, 88–90

Ironie 34, 44, 57, 83 f., 119, 120 Anm. 237

Katasterismos 31, 79, 81, 98

κοινή 10

Kolometrie 21

Kommentar 13 f., 22

Königtum (sakrales) 52, 71

Kulturschock 18, 24

Lateinisches Kaiserreich 17

lingua franca 10 Anm. 12

logos epitaphios 109

Lyrik, lyrisch 11, 21, 37 Anm. 68, 72, 86–89, 104, 109

Metapoetik 38, 39 Anm. 75, 43 Anm. 85, 45 f., 49 f., 68, 72, 75, 105, 111 f.

Metonymie 85

mimesis, mimetisch 56

Museion 18 f.

nomos Pythios 121

obelos 22

Objekt (resultatives, internes) 49

oggetti parlanti 52

opprobria rustica 99

oratio recta 58 Anm. 119, 109

Palinodie 118 Anm. 235

panacea 39 Anm. 75, 52, 69–71, 111
pannychis 86

Papyros 13, 86, 88

Paradigma 30 f., 33, 50 Anm. 105, 68, 77, 86, 89 f.

Paränese 28, 35

Parenthese 75 Anm. 157

Parnassianismus 120

Paronomasie 40

pax Romana 42

Pentameter 88

Pergamentkodex 14 f.

peripatetisch 65 Anm. 130

phthonos 68, 72

Pinakes 20 Anm. 35

Poetologie s. Metapoetik

Polyeideia 64, 79

Polyptoton 67

praefiguratio 99

problema bovinum 20 Anm. 36

Prolepse 89

Prolog s. Prooimium

Prooimium 44 f., 47 Anm. 99, 57, 59, 61 Anm. 125, 63 f., 81, 85 Anm. 185, 88, 95, 111, 117

Propaganda s. Ideologie

Prophezeiung 30, 42, 92, 102–104, 110

propositio 75

proton legomenon 22 Anm. 41

puer praecox 74 Anm. 152

recusatio 40 Anm. 79, 112 Anm. 223

Redaktion, Redaktor 16, 55

Renaissance 25, 52

makedonische 17

Romanisierung 110

Scholien 14

silloi 19 Anm. 31, 64

Skepsis (akademische) 65

Sophistik (zweite) 14 f.

sphragis 85 Anm. 184, 117 Anm. 232

stichos (κατὰ στίχον) 86

Stoizismus, stoisch 21 Anm. 38, 35, 65, 116 f.

Teleologie 81, 93, 102 f.

terpsis 21

theomachia 68

Threnos 88, 90

Topos 8 Anm. 3, 26, 60, 62, 64, 65 Anm. 130, 77, 110 Anm. 218, Anm. 11, 121 Anm. 242

Töpfer-Orakel 31

Überraschungseffekt 49, 51, 78

vaticinatio ex eventu 30, 92, 110

versus tetracolus 85

Viermännerkommentar 22 Anm. 42

Vollmond 91

window reference 99, 111, 114

zetema 74, 76 Anm. 160, 95

Zeugma 90

6.3 Stellen*

AELIUS ARISTIDES

or. 43. 23   60 Anm. 121

ALKMAN

fr. 1. 50   67

fr. 26   53 f. Anm. 113

ANTAGORAS

fr. 1   65

ANTHOLOGIA GRAECA

16. 273. 1–3   39 Anm. 75

APOLLONIOS VON RHODOS

3. 1–5   101

4. 910–919   96–99

4. 1136   70 Anm. 144

4. 1305–1329   96

4. 1383–1392   96

4. 1513–1517   96

4. 1537–1619   96

4. 1551–1619   103

4. 1673–1675   120 Anm. 237

4. 1694–1718   99

4. 1719–1730   99

4. 1727   99

4. 1731–1772   99–106

ARAT

Phain. 1–5   117

Phain. 1–14   45 Anm. 91

Phain. 783–787   8

ARISTOTELES

rhet. 1398B 14   20

BAKCHYLIDES

fr. 4. 69 f.   42 Anm. 83

CATULL

c. 1. 1 f.   7–9

c. 66. 39   114 Anm. 227

---

* Die fettgedruckten Stellenangaben weisen darauf hin, dass der jeweilige Passus auf den entsprechenden Seiten eingehend behandelt wird.

Register

CHRYSIPPOS

SVF II 1062   60 Anm. 121

ENNIUS

fr. 61   109

fr. 164   64

ETYMOLOGICUM MAGNUM

383. 30   71 Anm. 145

GALEN

17a 607   18 Anm. 28

GERHARDT, Paul

Wie soll ich dich empfangen   62 Anm. 126

GOETHE, Johann Wolfgang von

Faust I, 682 f.   24

GORGIAS

fr. 11. 9   109 Anm. 215

HERODOT

1. 15   76 Anm. 160

1. 23–25   48 Anm. 102

HESIOD

erg. 1–8   44 Anm. 91

erg. 2 f.   59 Anm. 121

erg. 3 f.   117

erg. 159 f.   45

theog. 22   117 Anm. 232

theog. 33 f.   59

theog. 96   44 Anm. 91, 58

theog. 98–103   21 Anm. 38

theog. 988–991   40, 97

HESYCHIOS

λ 1328   76 Anm. 161

HOMER

Il. 1. 529 f.   70

Il. 2. 484–492   61, 75 Anm. 157

Il. 4.164   42 Anm. 80

Il. 18. 171 f.   70 Anm. 140

Il. 18. 483   75

Il. 19. 352–354   39

Il. 22. 93 f.   111

Il. 23. 12–16   108

Il. 23. 185–191   70

Il. 23. 212–218   108 Anm. 214

Il. 23. 229 f.   108 Anm. 214

Od. 11. 14–19   76 Anm. 160

Od. 19. 109–114   71

Od. 23. 296   95 Anm. 196

HOMERISCHE HYMNEN

h. 2 (Cer.) 237 ~ 242   69 Anm. 138

h. 2 (Cer.) 364–369   92

h. 3 (Ap.) 1   75 Anm. 157

h. 3 (Ap.) 1–18   27

h. 3 (Ap.) 19 f.   62

h. 3 (Ap.) 124   70 Anm. 144

h. 3 (Ap.) 166–178   75

h. 4 (Merc.) 14   100 Anm. 204

h. 24. 3   70 Anm. 141

HORAZ

ars 291   8 Anm. 3

ars 331 f.   7 Anm. 2

ars 343   21 Anm. 38

ars 408–410   22 Anm. 43

c. 1. 24. 1 f.   110 Anm. 218

c. 3. 4. 5 f.   67 Anm. 132

ep. 2. 1. 156 f.   8

HÖLDERLIN, Friedrich

Heidelberg   16 Anm. 24

IANUS PANNONIUS

Abschied von Großwardein 37–41 52

IBYKOS

fr. S151. 23–26   89

KALLIMACHOS

Ait. fr. 1. 2   85 Anm. 185

Ait. fr. 2a 1   76 Anm. 159

Ait. fr. 7. 11–14   7 Anm. 2, 39 Anm. 75

Ait. fr. 7c–21d   104

Ait. fr. 54   14, 79, 81, 91, 112

Ait. fr. 54. 2   91

Ait. fr. 54. 5   24 Anm. 46

Ait. fr. 75   82–85

Ait. fr. 75. 4 f.   34

Ait. fr. 75. 23   76 Anm. 161

Ait. fr. 75. 42–49   83, 85 Anm. 185

Ait. fr. 75. 50–55   84

Ait. fr. 75. 64   75 Anm. 156

Ait. fr. 75. 71–74	53 Anm. 111	*fr.* 228. 50	115
Ait. fr. 75. 74–77	85	*fr.* 228. 51 f.	53 Anm. 110, 114
Ait. fr. 75b	82 Anm. 173	*fr.* 228. 54	115 f.
Ait. fr. 93. 2	69 Anm. 139	*fr.* 228. 59 f.	114
Ait. fr. 96	119	*fr.* 228. 67–75	92
Ait. fr. 110	55, 81, 87, 93, 97, 99, 114, 118 Anm. 234	*fr.* 229	87
		fr. 465	95
Ait. fr. 110. 45–64	32–34		
Ait. fr. 110. 51–58	87, 98 Anm. 200	**h. 1**	57–66
		h. 1. 1–9	57 f.
Ait. fr. 110. 75–78	33 f.	*h.* 1. 4	58, 62
Ait. fr. 112. 9	62 Anm. 127, 85 Anm. 186	*h.* 1. 29	58 Anm. 119
		h. 1. 49–51	70
Ait. fr. 113f	87	*h.* 1. 50 f.	70 f.
Ait. fr. 114. 1–3	87	*h.* 1. 52~54	60 Anm. 123
Ait. fr. 178	11	*h.* 1. 66	70 f.
Ait. fr. 191	19 Anm. 33	*h.* 1. 79	44 Anm. 91, 58
Ait. fr. 194	19 Anm. 33	*h.* 1. 85 f.	58
		h. 1. 91–93	58
fr. 198	104	*h.* 1. 94–96	65 Anm. 130
fr. 226–229	37 Anm. 68, 86	**h. 2**	56, 67–72
fr. 228	86–93	*h.* 2. 1 f.	121
fr. 228. 1–4	89	*h.* 2. 1–11	67 f.
fr. 228. 5 f.	91, 98	*h.* 2. 12–15	71
fr. 228. 7–11	108, 114	*h.* 2. 26 f.	68
fr. 228. 39	116	*h.* 2. 30 f.	63
fr. 228. 43–51	91 f., 113		

h. 2. 38–41	69	***h.* 4. 162–188**	28–31, 76
h. 2. 40	71	*h.* 4. 183	31
h. 2. 50–54	77 Anm. 164	*h.* 4. 188	42 Anm. 81, 77, 104 Anm. 207
h. 2. 65–96	71	*h.* 4. 214	58 Anm. 119
h. 2. 68	72, 83	*h.* 5	56
h. 2. 97–104	72, 121	*h.* 6	35, 56
h. 2. 105–113	72		
h. 2. 107	68	***ep.* 5**	52 f.
***h.* 3**	73–80	*ep.* 27. 3 f.	8, 118 Anm. 232
h. 3. 1	75 Anm. 157	*ep.* 46. 4	69 Anm. 139
h. 3. 6–25	73	*ep.* 51	8, 38 Anm. 73
h. 3. 46–86	74		
h. 3. 129–135	77	KALLINOS	
h. 3. 136–141	60, 73–75	*fr.* 1. 18 f.	109
h. 3. 140 f.	91	*fr.* 5a 1	76 Anm. 160
h. 3. 148–157	27 f.		
h. 3. 159–161	27 Anm. 54	KLEANTHES	
h. 3. 169	77	*fr.* 537. 6	60
h. 3. 175–182	119	*fr.* 537. 32–39	66
h. 3. 186	75 Anm. 158		
h. 3. 189–205	50 Anm. 105	LUKAN	
h. 3. 225–227	87 Anm. 192	*Phars.* 9. 1–18	115 f.
h. 3. 251–258	76		
h. 4. 2–5	63	LUKREZ	
h. 4. 28 f.	62	1. 117–121	60
h. 4. 77a–b	17 Anm. 26	1. 142	8 Anm. 3

2. 635 f.	60 Anm. 123	*O.* 14	43
5. 1–12	63 f.	*O.* 14. 5–9	43 Anm. 85
5. 49–54	64	*P.* 1. 1–33	68
		P. 1. 13 f.	68 f.
MANN, Thomas		*P.* 1. 90–92	28
Doktor Faustus 522 f.	120–122	*P.* 4. 8	102
		P. 4. 13–56	102
NOVUM TESTAMENTUM		*P.* 4. 20–55	103
Act. Ap. 17. 28	117	*P.* 4. 59–69	102, 104
		P. 4. 67–254	102
OVID		*P.* 5. 1–4	65 Anm. 130
am. 1. 15. 14	22 Anm. 43, 118 Anm. 235	*P.* 5. 72–81	105
		P. 5. 76	71
rem. am. 381 f.	82	*P.* 5. 101	104
trist. 2. 424	22 f. Anm. 43, 108 Anm. 213	*P.* 9. 63	70 Anm. 144
		P. 10. 53 f.	16 Anm. 24
PINDAR		*N.* 6. 1–7	117 Anm. 230
O. 1. 113 f.	45	*N.* 7. 63	43 Anm. 86
O. 2. 2	62 Anm. 126		
O. 6. 16 f.	109	*fr.* 52h 18–20	43 Anm. 85
O. 6. 22–27	112	*fr.* 140b 8	50
O. 6. 24	90	*fr.* 140b 10–15	49 f.
O. 6. 46 f.	111		
O. 6. 55 f.	110	PLATON	
O. 6. 60	111	*Kratyl.* 396 A–B	59 Anm. 121
O. 7. 62 f.	103		

Phaidr. 236E   20

PLUTARCH

de aud. poet. 2. 17E   59

Luc. 10. 4   50 Anm. 105

POSEIDIPPOS

14   121

36   50–52, 71

37   47–50

37. 4   53 Anm. 110

39   97 Anm. 199

116   97 Anm. 199

119   97 Anm. 199

PROPERZ

3. 1. 1 f.   23

3. 1. 9–12   113 Anm. 225

4. 6. 57   83 Anm. 176

SAPPHO

fr. 44   46

SCHILLER, Friedrich

Der Alpenjäger   119

Der Taucher 55–60   119

SCHOLIEN

ZU GERMANICUS

Arat 185 f., 229   98 Anm. 202

ZU HYGIN

astr. 2. 42   98 Anm. 202

ZU KALLIMACHOS

ad *h.* 1. 66   71 Anm. 145

ad *h.* 2. 26   68 Anm. 135

ad *h.* 4. 175–187   30 Anm. 57

ad *fr.* 228. 6   98

ZU PINDAR

ad *O.* 14 inscr. c   43 Anm. 85

ad *P.* 4. 14   102

ad *P.* 5. 1a   65 Anm. 130

ad *P.* 5. 96ab–99ab   105 Anm. 210

SIMONIDES

fr. 11. 1–8   90

fr. 11. 19–25   90

fr. 593   16 Anm. 24

Sotades
fr. 1   34

Strabon
1. 2. 15   21 Anm. 37
1. 3. 21   76 Anm. 161
14. 2. 19   22

Suetonius
gramm. 10   20

Theognis
1. 8 f.   70 Anm. 142

Theokrit
14. 61   37 Anm. 69
15. 47 f.   43
15. 96–99   38
15. 106–111   38 f.
15. 112–125   39
16. 4   42
16. 69 f.   43 Anm. 85
16. 73 f.   45 Anm. 93, 112 Anm. 223
16. 73–109   40–43
16. 108 f.   43 Anm. 85
17. 1–12   44 f.
17. 17–33   26 f.
17. 19   29 Anm. 56
17. 48–52   40 Anm. 77, 98 Anm. 201
17. 66–70   58 Anm. 119
17. 137   65 Anm. 130
18   46
22. 116 f.   75 Anm. 158

Timon von Phlius
fr. 786   19

Tyrtaios
fr. 12. 27 f.   109

Vergil
Aen. 2. 471   111
Aen. 4. 416–436   113
Aen. 4. 645 f.   113
Aen. 4. 661 f.   113
Aen. 4. 665–671   114
Aen. 4. 685–687   114
Aen. 4. 691 f.   114
Aen. 4. 693–705   114
Aen. 5. 4–7   115
Aen. 6. 460   114 Anm. 227
Aen. 6. 625–627   61 Anm. 125

ecl. 4. 23–25   110

georg. 2. 42–44   61 Anm. 125
georg. 3. 16–23   111 f.
georg. 3. 19   112 Anm. 224

WAGNER, Richard

Tristan und Isolde I 5   74 Anm. 153

WALTHER von der Vogelweide

Ich saz ûf eime steine 11–19
                    65 Anm. 130

WOLFRAM von Eschenbach

Parzifal I 4. 2–8   61 f. Anm. 125

XENOPHANES

fr. 35. 1–4   58 f.